虹の向こうの世界で

女子高生チャネラーMarina

VOICE

はじめに

はじめまして！

女子高生チャネラーMarina（以下、まりな）です。

肩書きの通り、私は目に見えない世界からのメッセージを受け取るチャネリングをする女子高生で、現在、3年生の18歳です。

この本は、私が18年間生きてきた人生をまとめた本です。

まだまだ年齢的にも若く、未熟なところが多い私ですが、小さい頃から目に見えない世界と現実の狭間を生きながら、いろいろな試練や苦難に直面してきました。

でも、目に見えない世界と現実の狭間を生きてきた私だからこそ学べたことや気づけたことがたくさんあったのです。

それらの例を挙げると、生まれる前からの記憶があったこと。

幼い頃から見えない世界と現実の世界を行き来しながら生きていたことで、周囲の同級生や友達、先生たちをはじめ、社会とのコミュニケーションに苦労してきたこと。

母親と共に、13歳の頃から見えない世界についての活動をはじめたこと。

けれども、その後、そんな最愛の母との別れがあったこと。

そこから、人生のどん底を味わいながら過ごしたこと。

しかし、周囲の人々のサポートによってなんとか立ち上がって、再び、今、前を向いて歩きはじめたこと。

YouTubeやインスタグラムなどのSNSで、私なりに新たな活動もスタートさせたこと。

そんな短いけれども、凝縮した18年の人生を1冊にまとめて綴った本が『虹の向こうの世界で　～女子高生チャネラーMarina～』になりました！

今、18歳というこの年齢だからこそお伝えできることもあると信じています。

この本には、私のことを初めて知っていただく人のために、私のこれまでの道のりをお伝えする自伝を含め、「本当の自分を生きるための3つのワーク」や「人生をラクに生きるための5つのポイント」などもご紹介しています。

読者の皆さんの中には、かつての私がそうであったように生き方に悩みを抱えていたり、人生につまずき、立ち止まっていたりする人も多いと思います。

そんな人たちに向けて、「今の自分だっていいんだ！」「世界は自分の見方で変えられるんだ！」「自分に起きていることは、必要だから起きているんだ！」「すべてのことは、自分でシナリオを書いてきているんだ！」ということをわかってほしいのです。

そして、そんな人たちが新たな一歩を踏み出すお手伝いができたらいいなと思っています。

また、この本はすべての世代の人たちに読んでいただきたいのですが、特に、私と同世代の高校生や、10代でこれからの自分の将来や方向性を探しているような人たちにも、ぜひ、手にとっていただけたらと思っています。きっと、将来を見つけるヒントがどこかにあるはずです。

この本を通して、私なりに学んできた気づきや考え方があなたに届き、これからのあなたの選択肢の1つとなってくれたら幸いです。

そして、あなたの人生が少しでもラクになり、もっと笑って楽しく過ごせる。そんな毎日が送れることを私は心から願っています。

Marina（まりな）

目次

第1章　人生はシナリオを書いて生まれてくる
～生まれる前から中学1年まで～

第2章
愛する母を亡くして絶望から再起するまで
〜中学2年から現在まで〜

第3章

本当の自分を生きるためのワーク3選

第4章 あなたからの質問にお答えします！

〜まりなにQ&A〜

第5章

人生をラクに生きるための5つのポイント

第1章

人生はシナリオを書いて生まれてくる

～生まれる前から中学１年まで～

生まれる前から人生ははじまっている

1人の人間の人生は、どこからはじまるのでしょうか？
母親のお腹の中から誕生した瞬間からでしょうか？
いいえ、この世に誕生する前にいる世界において、自分の母親を選ぶところからはじまります。

実際には、母親を選ぶ前に、自分がどのような人生を歩むのか、というシナリオを自分で作っています。

当然ですが、そのシナリオは一人ひとり千差万別な内容であり、それぞれが人生において、やりたいことをシナリオに書いてきます。

たとえ、それが生まれた後に、「つらすぎる!」とか「死にたい!」と思うような人生であったとしても、その人が自分にとって最もふさわしいベストなシナリオを作ってきているのです。

そして、生まれる前にはそのシナリオの内容の記憶をすべて消し、人生の最初の第一歩の行動として、自分の母親を選ぶのです。

もちろん、どの母親を選ぶのか、ということも、すでにシナリオには書かれています。

自分が母親を選ぶ時は、そのことを忘れているものの、それでも、シナリオに書いた母親をきちんと間違えずに選んで生まれてきます。

〝母親を選ぶ部屋〟で行うこと

それではここで、母親を選ぶ時から誕生するまでのプロセスをご説明したいと思います。

まず、この世に生まれてくる前にいる世界では、たくさんの魂たちが、〝母親を選ぶ部屋〟に入るために、その部屋の前で行列を作って待機しながら並んでいます。

その部屋には5、6人ずつの魂がグループになって順番に入るのですが、部屋の前には1人のおじいさんがいて、皆に部屋へ入るタイミングを教えてくれるお世話係をしています。

そのおじいさんは、部屋に入る順番がくるまで列に並んでいる皆と雑談などをしてくれます。

“母親を選ぶ部屋”に入る前には、たくさんの魂たちが行列を作って並んでいる。そこには、1人のお世話係のようなおじいさんがいて、皆に指示を出したり、おしゃべりの相手をしたりしている。

魂たちは、ようやく自分たちの順番が回ってくると、その部屋に入ることができます。

すると、そこにはたくさんのスクリーン（ＴＶ画面のようなモニター）が並んでいて、各々のスクリーンにはさまざまな母親や父親たちの姿が映し出されています。

例えば、私の時には、ある別の子が小学生になった姿が映っているスクリーンもありました。

スクリーンには、その人の現在・過去・未来という時間軸を超えた、人生におけるあらゆる情報がモニターに映されていて、それらをすべて見ながら、自分はどの母親を選ぶかを決定するのです。

また、スクリーンの下にはブラックホールのような穴が空いていて、その穴はお母さんのお腹の中へとつながっています。

その穴の横には、ホワイトボードみたいなものが吊《つ》るされていて、そこには母親が産むことになる子どもの数が書かれていました。

部屋の中にはたくさんのモニターがあり、さまざまな両親の姿と彼らとの人生の場面が映し出されている。それらを見て自分の母親を選び、ブラックホールのような穴に飛び降りていく。

ちなみに、魂たちが穴の中を通り母親の肉体に入って誕生するわけですが、時には、母親の肉体に入った後に中絶や流産などが起きることもあります。

このように中絶や流産をしてしまうような場合、それは一見、世間的には悲しい体験のようにも捉えられていますが、実は、魂自身はそのような体験をしてみたかった魂たちなのです。

ただし、そのような場合、その魂は行き場を失ってしまい、生きることも死ぬこともできなくなるので、さまざまな上の存在たち（おじいさんや神様、天使など）がその魂を引き上げる作業をします。

そして、引き上げられた魂は改めて別の母親を選んだり、その母親の肉体に宿る準備ができるまで再び待機をしたりすることになります。

お姉ちゃんとの出会い

ではここで、私の時はどんな様子だったかをお話ししましょう。

まず、私が自分の母を見つけた時、ある１人の子が不安そうに画面を見つめているのに気づきました。

その子は、行列では私の１つ前のグループにいた子で、「自分のお母さんは決まったのに、まだ穴に入っていく勇気がない」、とのことでした。

その子とお互いに自己紹介をしたら、「お姉ちゃんだ」とわかったのです。

とにかく、早く生まれたくて仕方がなかった私は、順番として姉が先に生まれないと私は母のお腹に入れないので、姉をドン！と穴の中に突き落としたのです。

すると、姉は滑り台を滑るように、穴の中に落ちていきました。

それを見届けた私は、すぐに姉に続いて穴の中に入り、雲の柱のようなものをぴょんぴょんと飛び跳ねながら、母のお腹の中に入りました。

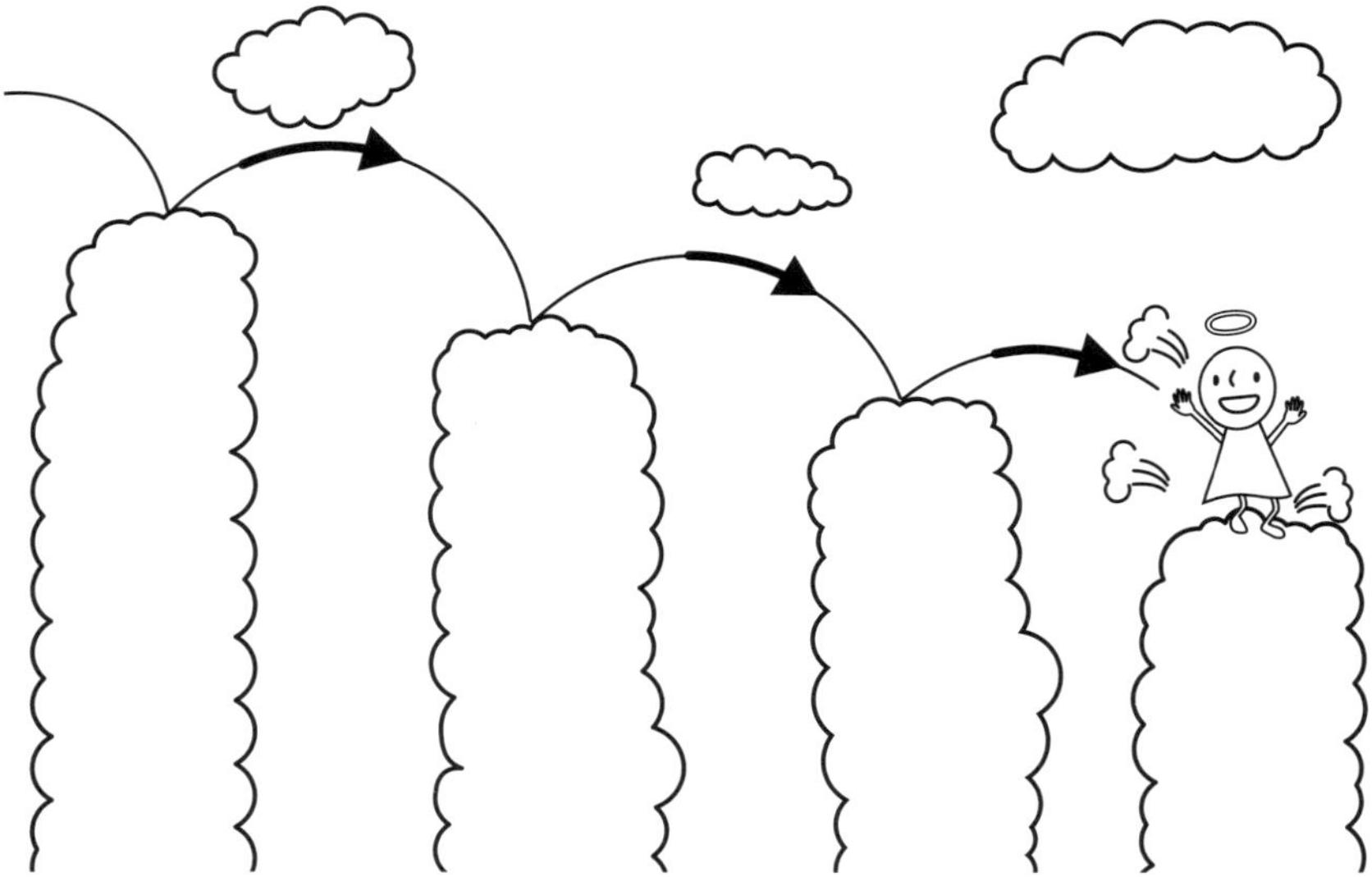

穴の中に飛び込んだ後は、目の前に登場してきた雲の上をぴょんぴょんと飛び越えながら、母親のお腹の中に入っていった。

母親のお腹の中でやっていたこと

母のお腹の中は、広くて真っ暗でした。

お腹の中にも、ＴＶのスクリーンのようなものがありましたが、今度は、母親を選ぶ部屋にあったスクリーンとは少し違い、リモコンでスクリーンに映される画面を変えることができたのです。

もう少し詳しく説明するなら、スクリーンに映る映像のカメラ目線を自分で変えることができました。

例えば、用意されていたリモコンには、母や父、姉の様子が見られるボタンが付いていて、各々のボタンを押すと、その人物の目から見えている世界がスクリーンに映るのです。

つまり、母のボタンを押すと、母の視点から見える世界が映されている、という感じなのですが、私は母から見た視点の映像をよく見ていました。

また、お腹の中はかなり広くて、周囲をどれだけ遠くまで行ったり来たり走ったりしても、不思議なことに必ずスクリーンの前に戻ってくるようになっていました。

さらには、出産するまでの期間は十月十日《とつきとうか》といわれていますが、お腹の中と外では時間軸が違うようで、お腹の中にいる子は自分が外の世界へ出ていく準備ができるまで、お腹の中にいてもいいようになっていました。

他には、スクリーンの前にはブロックのようなおもちゃなどもあり、遊べるようになっていました。

こうして、私も自分が産まれる準備が整うまで、母のお腹の中にいたのです。

お腹の中にはスクリーンがあり、母親や父親など家族のそれぞれの視点からの世界が映し出されているのをリモコンでスイッチを変えながら見ていた。スクリーンの前にはおもちゃなどもあった。

ついに、この世界に誕生！早速、嫌な子になる⁉

そしてついに、私もこの世界に無事に生まれてきました！

生まれてから物心がつくまでの記憶は、他の人がそうであるように、私も憶《おぼ》えていません。

家族に言わせると、私は、ひょうひょうとしたあまり表情のない子だったそうです。

不思議なことに、私が小さい頃のことを思い出そうとすると、それらは、すべて自分の目線ではなく、自分の姿を俯瞰《ふかん》した状態で憶えているのです。

つまり、そのことはビデオで撮って映像として残されているわけでもないのに、私は自分自身の姿が映像の中にいるような状態＝外からの視点で自分を捉えているビジョンとして憶えている、という感じなのです。

その理由は、今思えば自分の肉体と魂がまだ馴染《なじ》んでおらず、意識が肉体の中と外を行き来していたからかもしれません。

さて、そんな私の幼稚園時代は、人の気持ちを考えることが苦手で、言うことを聞かない子でした。

例えば、自分の好きな子のことはとことん好きだけど、嫌いな子のことはとことん嫌いで、その子に向かって「嫌い！」と言ってしまったり、その子の手がちょっと汚れていると「手をつなぎたくない！」と言い張って、その子を泣かせてしまったりしていたことなどを憶えています。

思い返すと、14歳で母を亡くすまで「自分が世界で一番可愛くて、賢くて、すごい！」などと思っていたような性格の悪い、嫌な子でした。

この頃、幼稚園の担任の先生からは「まりなちゃんは、とにかくダメと言われたことを全部やります。集団行動が嫌いで、〝並んで〜〟と言っても動かず、皆が動いた最後に〝しょうがないか〜〟って感じでようやく動き出すんですよ」と言われたこともありました。

運動会のダンス発表では振り付けを覚えるのがイヤでサボるなど、とにかく、皆で一緒にするような集団行動は小さい頃から苦手でした。

仲良しの友達は、ぬいぐるみ

そんな私だったからか、１人でするお人形遊びが大好きでした。

自宅にある人形たちで、あらゆるお人形遊びをやっていました。例えば、人形たちを並べて遊ぶ学校ごっこや、ぬいぐるみ遊び、指人形遊び、リカちゃん人形遊び、シルバニアファミリー（動物たちが人形になったドールハウス）遊びなど、延々と飽きずに人形たちと遊んでいたのです。

遊ぶ際には、お人形がしゃべることを私が口に出して通訳をしながら遊んでいるような感覚でした。

そんな遊びに慣れていたからか、友達と一緒にぬいぐるみ遊びをする時などは、ぬいぐるみがしゃべることと違うことを友達が言ったりすると違和感があったものです。

なぜなら、私と人形たちは本当に実際に会話をしていたからです。

幼い頃の一番の親友は、それぞれ違う個性を持ちながらも、何があっても私の味方でいてくれるぬいぐるみたちでした。

当時は、日常生活の中で何か質問などあると、すぐにぬいぐるみに聞いていました。すると、その答えや私が知らないことまで教えてくれていました。

今思えば、この頃からぬいぐるみを使ってチャネリングの練習をしていたのだと思います。

その後、少しずつ大きくなるにつれて、ぬいぐるみと遊ぶことが恥ずかしいと感じるようになり、ぬいぐるみと遊ぶ回数は減りました。

でも、少し大人になった今でも、何かあるとぬいぐるみに愚痴を聞いてもらったり、励ましてもらったりしています。

小学校時代
先生たちに恵まれた

　そして、そんなちょっと変わった私が小学校1年生に上がると、先生から次のように言われてしまったのです。

「勉強に関しては読まない、書かない、計算しない。つまり、勉強しない子ですね。生活面では、気ままにあっちこっちと友達の輪を渡り歩いています。こんな状態だと、今はまだ周りの子たちは気付いていないけれど、3年生くらいになると、生徒たちも状況を理解するようになるので、このままだと、周囲から嫌われる子になるかもしれません」と言われました。

そんな厳しい言葉が、実際にその通りになりました。基本的に空気が読めず、人の気持ちがわからない私は周囲とうまく馴染めず、無理矢理グループに入ろうとすると、そのグループからは〝うざい〟と思われてしまうようなことが多々ありました。

そんな問題児な私でしたが、それでも良い先生たちに恵まれたおかげで、好きなことを伸ばせる環境に身を置くことができていたように思います。休み時間になると、同年代の子たちよりも、先生と一緒にいることが多かったかもしれません。

例えば、小学3年生の時は、図書室の先生が大好きでした。同級生に暴言を吐かれた時には、図書室の先生がその子のことを怒ってくれました。そこで、感謝の気持ちを込めて、借りた本の間に手紙を挟んで返却すると、先生の方も返事を書いてくれるなど、とてもやさしい先生でした。

書道のおじいちゃん先生も大好きでした。

私は集中すると、誰よりも早く作業を終えることができたのです。そのため、書き終わった習字の作品を入れる箱に1番最初に私のものを入れるのですが、箱は紙でできていたので、半紙から墨汁が染《し》みて箱に付いてしまいます。

そこで、箱の底に1枚半紙を置いて、その上に自分が書いた紙を重ねていました。すると、それを見つけた先生が「あなたは、とっても素敵な子だね！」とほめてくれました。

おじいちゃん先生は、廊下ですれ違う時も毎回ニコニコ笑顔で手を振ってくれるのもうれしかったです。

小学4年生の時は、担任の先生が大好きでした。

私は言葉足らずで口調が強く、誤解を招きやすいタイプでした。

そのため、自分の意図することとは違うことが相手に伝わって問題になることもありました。

そして、本当に伝えたいことをうまく説明できずに、もどかしい思いをしていたのです。

でも、その時の担任の先生は私の話を辛抱強く聞いてくれて、私が本当に言いたいことを理解してくれようとする、思いやりのある先生でした。

小学5、6年生の時は、音楽の先生が好きでした。

当時は、編み物にハマっていて、休み時間になると音楽室に走って行き編み物を教えてもらっていました。また、その先生の指導のもとで合唱クラブにも入り、放課後も大好きな歌を歌って楽しい時間を過ごしていました。

こんなふうに、マイペースすぎる私のことを理解してくれる先生方がいたおかげで、友達が少ない私でしたが、充実した小学校生活を送ることができたのです。

好きなこと・得意なことに挑戦

家庭でも、小さい頃から姉が習っていたピアノ、絵、習字、英語などに私も同じように挑戦していました。

でも、すべて長続きはせず、唯一ダンスだけが続けられたのです。

その頃から私は、「身体を使って表現することが好き」だということに気づいたのです。

母親の方も、私の好きなもの、得意なものを探してくれていたようです。そこで、私が舞台に立って表現することが好きであることを知ると、「宝塚歌劇団」や「劇団四季」、「東京バレエ団」などさまざまな舞台を見に連れて行ってくれるようになりました。また、私にも歌やお芝居を習わせてくれました。

他にも、舞台が好きな理由は、1つの作品を作り上げるまで、たくさんの人々が関わり、それぞれの情熱を結集させながら1つのものを完成させていくというプロセスも私が夢中になれる要素だったのです。

小学4年生からは、踊りの基礎も学びたいとバレエも習いはじめました。バレエは決まりごとが多く、型にハマるのが苦手な私には難しかったのですが、それでも楽しくレッスンに通っていました。

バレエは、言葉を使わずに表情や1つ1つの細かい動き、角度などで感情や情景を観客に伝えるところに惹《ひ》かれて、一時はバレエダンサーになりたいと本気でレッスンに励んでいました。

ただし、あまりにも無理なレッスンを重ねてしまったことで、足に怪我をしてしまいました。

それでも無理やり怪我を我慢して発表会に出るなどしていましたが、ついに症状も悪化してしまい、病院に行くと、「手術をしない限り、一生踊れないかもしれない」とまで言われてしまったのです。

後日、大きな病院で検査をして剥離骨折とわかり、やはり、手術をしない限り元には戻らないことがわかりました。

その後、整体に通うと激痛は和らぐようになりましたが、それでも、足を駆使するバレエダンサーになることは諦めざるを得ないことになりました。

この時、私は改めて「本当にやりたいことは何？」ということを家族と話し合う機会があり、その時に「お芝居がしたい！」ということに気づいたのです。

その時から、本格的にお芝居を習いはじめることになりました。

実は、今でも暇さえあれば映画やドラマを見ながら演技をすることを自分なりに勉強したりしています。

子どもの頃から踊ること、歌うこと、演技をすることなどさまざまな表現の形を学んできましたが、基本的に、今でも何らかの表現者になりたいという夢は変わっていません。

小さい頃から、私が好きなことに取り組めるように全力でサポートしてくれた母に心から感謝しています。

母ががんであることを告げられる

母が体調を崩しはじめたのは、私が小学校6年生の頃でした。

母の体調が悪いことに気づきはじめたのは、食後に母が4時間以上も動けなくなったり、時には、お水も飲めないほど不調に陥ったりすることがしばしばあったからです。

けれども、そんな母は昔から西洋医学が苦手だったので病院へは行かず、東洋医学や自然療法など西洋医学以外の療法をいろいろと試していました。

けれども、症状は良くならず、母の体調はみるみるうちに悪化していきました。

当時、小学6年生だった私でも、母の様子がただごとではないことだけは理解できました。

そしてついに、ようやく病院へ行った母から聞かされたのは、「胃がん」という病名。

この時の衝撃は、今でも昨日のことのように憶えています。

世間知らずの私でも、がんという病気の深刻さは理解できました。

まさか、母ががんになるとは想像もしていなかったので驚きましたが、母の前では泣かないようにしようと心に決めました。やはり、一番つらいのは母なので、私の泣き顔を見せて心配させたくない、と母の前では笑顔でい続けようと思ったのです。

だからこのような時は、別の部屋へ行って声を殺してこっそり泣きました。

でも、あの時、母が胃がんだということを、小学生の私にも教えてくれたことに感謝しています。

なぜなら、まだ状況が把握できなかった私には、母がどれだけ苦しくつらいのか、どれだけ不安なのかなどは知る由もなく、私は「母のことだから大丈夫だろう」「きっと、元気になってくれるだろう」などと軽く考えていたからです。

家族皆で頑張った闘病生活

こうして、母親の闘病生活がはじまることになりました。

それでも、闘病期間中には、家族の楽しい時間もたくさんありました。

母親の痛み止めが効いている頃は、「最後の晩餐《ばんさん》」だと称して、いろいろなところへ食事にも行きました。

食べることが大好きな母が痛みのせいで食事ができなくなっていたのですが、一時期は薬のおかげで食事もできるようになりました。

再び美味しそうに食事をする母の姿を見られるのは、やはりうれしかったです。

また、母が入院中は病院から家族全員で毎年見に行っていた「みなとみらい花火大会」の花火を見ることができたのもいい思い出です。

手術日の当日は、私も学校を休んで病院へ行きました。

手術室へ入っていく母は、ニコニコと笑っていました。

けれども、手術後、麻酔で意識が朦朧《もうろう》としている母の姿は、いつも元気で明るいエネルギッシュな母とはほど遠く、その弱々しい姿も未だに鮮明に私の目に焼き付いています。

父親の方は当時、仕事に看病に家事にと大忙しなのに、母親代わりもしながら頑張ってくれていました。

例えば、お見舞いに行く車の中で私たちが聞きたい曲を1曲ずつ交代で流してくれたり、健康に気を遣っているからか、普段なら行かないファミレスに連れて行ってくれたり、私たち姉妹を少しでも元気づけようと父なりに頑張ってくれていました。

そんな状況の中、中学校に上がると、1年生の前期には、この私がまさかの学級委員をやることになりました。

まともに授業も受けず、テスト勉強などもまったくしない私でしたが、女子の学級委員だけが決まっていなかったので、思わず私が自分から手を上げてやることにしたのです。

結果的に、1年生の前期だったので、まだそこまで苦労もなく任務を終えることになりました。

見えない世界のことを話しはじめる

さて、私が目に見えない世界のことを他の人に話すようになったのはこの頃からでした。

小さい頃から、目に見えない存在やモノたちとおしゃべりをしてきたこと、また自分の胎内記憶や生まれる前の話のことなどは、あまり他の人には話していませんでした。

なぜなら、そんな体験をしている自分に、果たして、これが本当に起きていることなのかどうか、などに自信が持てなかったからです。

そんな時、背中を押してくれたのが、母が〝師匠〟と呼び慕っていた人で、過去世カウンセリングを中心に、人が本来の自分に還《かえ》るきっかけを提供している、「きっかけプレゼンター、やまちゃん」こと、山田朋広さんという方でした。

やまちゃんからは、「自分に見えていることを、そのまま話せばいいんだよ。それ正解なんだ。だから、臆せずに、もっと皆にそのことを話してもいいんだよ！」と言っていただきました。

それまで、「こんな体験をしているのは、私だけなのかもしれない……」との不安から、見えない世界のことをあえて隠したり、スルーしていたりしたのですが、「他にも同じように見えている人がいるかもしれないんだよ」と教えてもらうことで、そんな自分でもいいんだ、と思えるようになったのです。

私の中にさまざまな〝意識たち〟が出入りしてきた

では、この頃、私は見えない世界とどのように付き合っていたのでしょうか？

この頃の私の状態をお伝えするなら、それは次のように説明できるでしょう。

まず、生まれてから母が亡くなるまでの感覚と今現在の感覚はまったく違います。

例えば、中学1年生頃までの私は、この現実の世界で1人の人間としての苦しみやつらさなどをまだ味わうこともなく、ただ楽しく毎日を生きている〝宇宙人〟のような存在だったと言えるでしょう。

〝宇宙人〟と表現した理由は、この頃の私は意識と魂がバラバラだったからです。

もう少し詳しく説明するなら、私の周囲には150種類くらいのさまざまな意識が存在していて、毎回違う意識が私の中に出入りしながら、その時々の感情をその瞬間にふさわしい意識たちが味わっている、という感じでした。

例えば、私が好きで得意としていた身体を使って何かを表現するような瞬間や、誰かと楽しくおしゃべりをして笑っている時などは、私の魂がこの肉体というロボットを使いこなして、この地球での人生を思う存分楽しんでいるのです。こんな時は、私＝自分の魂そのもので生きています。

一方で、それ以外の状況の時は、次のような感じになっています。

私の周りにある150種類くらいの意識が私の肉体の中に入って肉体を持ち、その瞬間の体験を味わいたいがために、その都度、その時の感情・行動に応じたさまざまな意識が私の中に出入りしていたのです。

具体的に説明をするなら、例えば作文を書く時は、文章を書くのが得意な意識が入り込んできて、勝手に文章を書きます。その際には、私の魂と肉体はその意識に従い、ただ文章を書いたり読んだりしているだけです。

この時、私の魂がこの作業に参加しようとすると、そのことに対してこれまで何も学習をしてこなかったり、そのことができなかったりするので、慣れていないため対応ができないのです。

ちなみに、二重人格や多重人格という考え方がありますが、私からすると、二重人格とは2つの魂が1つの身体に同時に存在しているような感じです。だから、Aという人格が表に出ている時、もう1つのBという人格は奥に潜んでいてAがしていることを憶えていないと思うのです。

ところが私の場合は、今、どんな意識が自分の中に入っているのか、ということは自分でもその時々の記憶があるのできちんとわかっています。

例えるなら、あるゲームの主人公は私が設定したキャラクターだけど、そのゲーム自体は友達が隣で操作しているみたいな感じです。

つまり、そのゲームで展開されている内容を私自身は見て確認しているので、何をしているのかが常にわかっている、というような感覚です。

もっとわかりやすく言うと、結局、すべてのことを行っているのは自分なんだけれども、自分の感覚では「これは、私がやっているわけじゃないんだけどな〜」みたいな感じなのです。

だから、私がその時やっていることをイヤだと思えば、その瞬間にその意識からは簡単に抜けられるのです。

でも、私の魂は、私の中に何があってもずっとい続けなければならないから、どんなにイヤだと思うことがあったとしても、そこから決して逃げることはできないのです。

魂で人間を楽しむOFFと意識が自分を生きるON

今現在は、そんな魂から行動している時、また、さまざまな意識が出入りしながら行動する時期を経て、自分の中で、その2つをONとOFFのスイッチとして、切り替えられるようになりました。

つまり、私の人生を魂レベルから肉体とひとつになってこの世界で〝人間として〟楽しむOFFという状態が1つ。

そして、もう1つは、すべてのものとつながった状態でいながら、私の中にいろいろな意識が出入りできるONという状態を、自分の中で自由自在に

2つのスイッチとして切り替えられるようになったのです。

ちなみに、このONとOFFを行う場合、肉体の中に他の意識を自由に行き来させることはおすすめしません。

というのも、自分の肉体から他の意識を自由自在に出入りさせることは、自分自身を見失ってしまうことがあるので危険だからです。

私の中に出入りしている意識たちは、私が生まれる時に上から一緒に連れてきた意識たち（肉体を持ちながらこの世界を体験したいほどではないけれど、これまで人間としての体験をしたいことがある意識たち）なので、ほぼ自分自身であるとも言える意識たちなので、私自身がコントロールできるのです。

つまり、私とその意識たちとの間には合意が取れているので大丈夫なのですが、お互いが納得していない場合に、勝手に意識の出入りが起きてしまうと、その人は肉体を乗っ取られたりする恐れがあるので、要注意です。

ADHDの要素がすべて当てはまった！

さて、そんなふうにさまざまな意識たちが出入りしながら育ってきた私に、ある日、ある宣告がされることになりました。

中1のある日、母から「真剣な話があるから座って！」と言われたのです。「何か怒られるのかな？」と思ったのですが、この時、母から聞かされたのは、私はもしかしたら「ADHD（注意欠陥・多動症）」かもしれない、という話でした。

母からそう言われて、その場でADHDかどうかを確認するセルフチェックをしてみると、笑えるほどに全項目に当てはまっていて、まるでこれは私の取扱説明書ではないかと思ったほどでした。

まさか自分が発達障害だったなんて……。正直言って、すごくショックでした。

今まで自分は普通で、周囲の人たちと何も変わらないと思っていたのに、実は、周りからは私は他の子とは違うだけでなく、発達障害なのではないかと思われていたなんて。

それも、この私に病名がついているなんて……。

それは、認めたくもない事実でしたが、説明をされるほどに納得がいき、悲しくて涙が止まりませんでした。

もちろん、母は私のＡＤＨＤを治そうとしたり、私を戒めるためにこの話をしたりしたのではなく、「一応、自分でも知っておいた方がこの先、生きやすいはずだから」ということで私に伝えたのでした。

母は、小さい頃からそんな私にすでに気づいていて、私が得意とすること、好きなことを伸ばせるような教育をきちんとしてきてくれていたのでした。

すでにご存じの人も多いように、ＡＤＨＤとは発達障害の一種です。好きなこと以外には集中力がなく、他のことには関心や興味を示さず、思いついたことをよく考えずに行動する「多動性・衝動性」や年齢や発達具合に見合わない「注意欠陥性」などがその特徴です。

考えてみれば、私は忘れ物が多い、モノにぶつかる、モノを落とす、モノを壊す、いくら注意されても同じミスを何度も繰り返す、という注意欠陥が当てはまります。

また、好きな教科や映画、アニメ、ドラマなどは他のものが目に入らないほど集中して、一旦集中すると何時間でも集中し続けて、食事や眠ることさえも忘れてしまうことがあります。

一方で、学校の授業中はじっとしていられない、次から次へと興味が移り変わり、１つのことがまだ途中なのに次のことをはじめてしまう、常にせわしなく動くという多動性も当てはまります。

さらには、一生懸命考えて決めたことなのに、一瞬の思いつきで他の行動をとってしまい失敗したり、逆に、何も決めずに行動して他の人を振り回したりする衝動性や、人との距離感をうまく掴《つか》めなくて常に一人反省会をしてしまうなど、ＡＤＨＤと呼ばれる要素を私はすべて持っているのです。

ＡＤＨＤと上手に付き合っていく

最近では、ＡＤＨＤという言葉が一般的になりすぎていて、また、1つの個性のような捉え方もされる時代になってきたことから、本来ならＡＤＨＤではない人までが口癖のように「私はＡＤＨＤだから〜」などというようになってきたように思います。

確かに、不注意、多動性、衝動性は人間なら誰しも多少はあるものだし、小さな子どもは特にそうかもしれません。

でも、ＡＤＨＤとは甘えや怠けるための言い訳に使う言葉でもないし、ましてや、流行りやステイタスなどではないのです。

私は、このＡＤＨＤのせいで仲間はずれにされることもありました。

今でも頭の中は、常にごちゃごちゃしていて靄《もや》がかかっているようで整理しづらかったりします。

だから、他の人よりも１つのことを理解するのに時間がかかるし、一度にたくさんのことを言われると頭がパンクしそうになります。

また、空気が読めないので、友達もできないし、何度も同じ話をしてしまいます。

部屋はどれだけ片づけても、気づいたらまた散らかっています。

自分にとって興味のないことは覚えられないため、世間知らずです。

他にも、感覚過敏ですべての音を耳が均等に拾うので何を聞けばいいのかわからなくなり、時々パニックになります。

大きな音も苦手で、電車や人混みの中ではノイズキャンセリング機能のついたヘッドホンが外せません。

匂いにも酔ってしまうし、強い光をみると目がチカチカして頭が痛くなります。だから、スマホのスクリーンも光を調節しないと目が痛くなります。

あと、天気が曇りの日は目が開けられなくなることがよくあります。

でも、こんな私を家族はまるごと受け止めてくれて、それも個性だよと言って、自由にのびのびと育ててくれていたのです。

先述のように、母が私にＡＤＨＤであることを伝える時も、伝えるべきかどうか両親はよく話し合ったようでしたが、伝えておいた方がいいと決心したそうです。

当然、私はしばらくショックで立ち直れませんでしたが、その時から「少しでもミスがないように！」とか「他の人に迷惑をかけないように！」と、日々の生活の中でできるだけ工夫することを覚えたので、やっぱり、あの時、母が私に伝えてくれたことに感謝をしています。

第2章

愛する母を亡くして絶望から再起するまで

～中学2年から現在まで～

「レインボーチルドレン、まりな」として活動開始

そんな私の人生が大きく変わりはじめたのは、中学2年生の時でした。中1の終わり頃からコロナ禍に突入したことで、学校ではクラス全員が顔を合わせることがないまま、中2の新学期がはじまりました。

私は、その頃から、母の友人たちが主催するイベントなどに呼ばれて、〝私が見ている世界〟の話をする機会が増えていきました。

私は「レインボーチルドレン、まりな」という名前で、母と一緒に活動をしたり、スピリチュアル関係の雑誌にも紹介されたりするようになりました。

「レインボーチルドレン」とは、スピリチュアルの世界では「2005年以

降に生まれてきた、この地球を愛と平和に導くミッションのある子どもたち」、という意味だそうです。

このような感じで少しずつ露出が増える中、産婦人科医で胎内記憶に関するスペシャリストとしても知られている池川明先生との YouTube 動画に出演したことで、私のことを多くの人々が知ってくださるようになりました。

その頃から私に「鑑定をしてほしい！」という声もいただくようになったことで、私なりにクライアントさん向けのセッションをする活動がはじまったのです。

私が行うセッションとは

当時の私のセッションではクライアントさんのオーラを見たり、その方の今回の人生に影響している前世についてなどをお伝えしたりしていました。

また、私は石やモノ、亡くなった方、動物たちとも会話ができたので、そのようなコミュニケーションからその方にとって必要な情報があれば、それらもお伝えしていました。


例えば、その方にはどんな天然石の種類がふさわしいかとか、その方にご縁の深いご先祖様からのメッセージなどです。

また、私の中に降りてくるクライアントさんの宇宙人の姿を絵に描くこともしていました。これは、私だけでなく誰にでもできることなので、ぜひ、

103ページからのワークにトライしてみてほしいと思います。

当時のセッションは、まだ私も幼かったということもあり、どちらかと言えば、ただ自分に見えたものをそのままお伝えする、というスタイルだったように思います。

今のようにはっきりと自分の中でセッションをする際のルールや、現実の世界でクライアントさんがどのようにすればいいか、などを具体的にお伝えするような感じではありませんでした。

ちなみに、現在行っているセッションにおいては基本的な部分は変わりませんが、あえてクライアントさんの未来や将来の予言などはしないことにしています。

また、ほとんどの方が自分の人生の目的やミッション、使命などを知りたがるのですが、これについてもお伝えはしていません。

なぜなら、すべての答えはその人の中にあるからです。

だから、私は答えをお伝えするのではなく、その人に向けて、その人が自分で答えを見つけるためのヒントを投げかけるナビゲーターの役割だけをするように心がけています。

今の私もまだ10代で高校生であり、人生経験の豊富なクライアントさんに対して、決して〝先生〟とか〝カウンセラー〟という立場になって何かを伝える、というスタンスにはならないように気をつけています。


さて、話を当時に戻すと、このようにして本格的にセッションが稼働しはじめたことから、私のやりたいことを叶える会社、「アルコバレーノ（イタリア語で〝虹〟の意）」という会社を設立することになりました。

私は小さい頃から、人の笑顔を見ることが大好きです。

私は表現者としての活動も大好きで楽しいのですが、私ができること、好きなことで皆が笑顔になってくれるのが一番うれしいのです。

だから、セッションを通して、私が見ている世界のことを話すことで皆さんが面白がってくれたり、笑顔になってくれたりするのがうれしくて、セッションも私にとっては大切な活動になっていきました。

母との別れが近づく

ところが、その後、学校が再開する時期になると、次第に学校に馴染めなくなっていきました。

もともと友達がいなかった私には居場所がないだけでなく、誰にも伝えていなかったはずの私の活動のことなども同級生になぜか知れ渡ってしまい、仲間外れをされるようになったのです。

ある時は、学校の廊下をすれ違う時や帰り道などで、「レインボー!」などと叫ばれてからかわれることもありました。


そんな状況の中、この頃から舞台の稽古やセッションなど学校以外の活動が忙しくなったことで不登校ぎみになっていったのです。

それでも仕事も軌道に乗り、「これから、もっと頑張っていこう!」とポジティブな気持ちでいた矢先に、母の体調が再び悪くなったのです。


そこからは、母は入退院を繰り返すことになり、あっという間に体調も悪化していきました。

やがて、母は最期の時間を自宅で過ごすことになり、自宅に介護用の大きいベッドが持ち込まれ、毎日看護師さんが来るようになりました。

母はついに食事もできなくなり、もともと細かったのに、さらに痩せてしまった母の肌は黄疸《おうだん》で黄色くなってしまいました。

ついに、お水さえも飲めなくなって唇は乾燥し、母の腕は点滴の針で傷だらけになってしまいました。

そんな中、私は母が楽しみにしていた私の舞台をどうしても見せてあげたくて、まだDVDになっていない映像を入手したので寝床にいる母に見せることができました。

母は、その映像を毎日何度も何度も繰り返し見てくれていたのですが、最後の頃は薬の影響で記憶と意識が曖昧になってしまったのか、映像から出る音声を聞いて「近くに会場があるの？」などと言っていました。

その頃は、夜になると、母が寝ている横で姉と交互で寝ることにしました。

そんなある夜、眠っている母の手を握って、私はこうつぶやきました。

「お姉ちゃんとパパのことは、まりなが守るから安心して。ママは自分のことだけ考えてね！」

するとその時、寝ていたはずの母は私のつぶやきを聞いて起きたのか、母はうんうんと頷《うなず》き「まりなが2人を守るの？」と言って優しく笑っていました。

その頃の母はもう、自分が長くないことを察して、自分が死んだ後のことも考え、遺影の写真や戒名なども自分で選んで決めていました。

本来なら、私もそのような話を真剣に聞いてあげないといけないのに、きちんと聞くと本当にそうなってしまう気がして、聞きたくもありませんでした。

ある日、ついに母はもう疲れて果てたようで、「もう、頑張らなくていいかな？」と言いました。

もう私は、弱りゆく母に向かって、「ダメだよ！　もうちょっと頑張って！」などとは言えませんでした。

でも、そんな母が元旦の1月1日に、「もうちょっと頑張ってみようと思うんだけど、いいかな？」と聞いてきたのです。

私は、そんな母の前向きな一言がうれしくて、「うん、もちろんだよ！」と答えました。

けれども、その2日後の2021年1月3日に、母は亡くなりました。

この日のことは、あれから数年経っても、昨日のことのように憶えていて、今でも時々フラッシュバックのように思い出します。

今でもどこかで母の帰りを待っている

最後の瞬間、私は母の手を握っていました。

ずっと荒い呼吸をしていた母の口が半分までしか動かなくなりました。

母は、私が握っていた手をずっと握り返してくれたのですが、ふとその手に力が入らなくなり離れていく感覚がしたのです。

そこで、皆で声をかけて、母の口に手を当ててみると、もう呼吸は止まっていました。

母は、眠るように穏やかに息を引き取りました。

その時、最初に思ったのは「お疲れ様」ということ。父も最初に発した言葉は、「お疲れ様。よく頑張ったね」でした。

しばらくして看護師の方が来て、正式に死亡が確定されました。

その日の夜はピザの出前を取りました。これまで、母は匂いがダメだったので匂いのない食事をしていたのですが、久しぶりに匂いがする食事を皆でしたのです。

こんなふうに、こんな時でさえもお腹が空いて、ピザを美味しいと感じるのです。

私たち家族は、母親が死んだという事実を無視するかのようにピザを食べました。

そこからは、まるで流れ作業のように葬儀、火葬、納骨に参加しました。

ついこの間まで生きていた母の身体が火葬で焼かれるのです。

暖かくて柔らかかった母の肌、大好きな顔にきれいな声、世界で1番安心するハグをしてくれる両腕、落ち着く大好きな匂い、ｅｔｃ．……。それらがすべて焼かれて骨だけになり、その骨を小さな壺に入れたのです。

私はこの目で母が亡くなった瞬間を見ているし、葬儀にも火葬にも参加したけれど、それでもまだ母が死んだことがどうしても信じられなかったりします。

今でも母はどこかへ旅行に行っているだけであり、いつか帰ってくるとどこかで信じているところがあって、実際に3年経った今でも、母の帰りを待っている自分がいます。

母が戻ってきたときのためにも、私はあの頃のままでいなければ、と思っているのです。

なぜなら、３年前から私は身長も伸びて、顔も性格も、昔とは変わってしまったから。

もし、私や家族皆の環境が変わってしまったら、母の居場所がなくなってしまい帰って来られなくなってしまうかもしれない。だから、私はできるだけ自分だけは変わることを避けていたい、と思っていました。

自暴自棄の日々がはじまる

我が家は母を中心としてまとまっていたので、母がいなくなると当然のように家族はバラバラになっていきました。

悲しみの中、母が亡くなった次の日から、私はセッションの仕事を再開しました。

姉とはあまり仲がよくなかったのですが、母の代わりに姉が事務の仕事をやってくれるようになりました。私たち姉妹なりに、母が残してくれたものを無駄にしないように頑張ろうと必死だったのです。

それでも姉とは顔を合わせれば喧嘩《けんか》になってしまうことも多く、時には殴り合いの喧嘩をすることもありました。


毎朝起こしてくれる人もいなくなり、毎日学校へは遅刻して行くようになりました。

遅刻するときは学校に電話する必要があるのですが、逆に、学校からかかってくる電話で起きるような始末でした。

結局、毎日起きるのは11時過ぎで、起きると時間割を見て、目立たない時間に学校にこっそりと行くような感じです。

そして、1、2時間だけ授業を受けた後は、コンビニに寄って何か食べながら帰るような日々。

それでも、中学2年生が終わり3年生になると友達がいなかった私が友達に恵まれて、夏休み前までは数か月間だけ、楽しい日々を過ごしていました。

でも、自宅に帰ると姉と喧嘩するので居場所がないことから、毎日23時近くまで外で遊んでいました。

放課後は友達とコンビニでお菓子を買って食べ、マクドナルドへ行って食事をし、家に帰るとインスタント麺を食べて、と毎日6食くらい食べていました。

健康に気を遣っていた母がいた時代は、おやつが黒豆やじゃこ、ナッツなどだったので、食べるものも様変わりしてしまいました。

母は、農薬や原産地などに気をつけ、商品の裏の添加物や生産地などのラベルを見て買い物をするような人でした。
また、電磁波にも気をつけていて、電子レンジや炊飯器は自宅にはなく、ご飯も土鍋で炊いていたのです。

母の亡き後、私は、母があえて食べさせてくれなかったものを食べるようになっていました。でも、心の底では、そんな食事は私の身体に合っていないこともわかっていたので、食べるたびに罪悪感を覚えていました。

さらには、そんな食事に加えて生活習慣も乱れ、思春期ということもあり、ぶくぶくと太りはじめ、肌荒れがひどくなっていきました。

自分がみるみるうちに醜くなっていくのがいやで、体型がわからないような服ばっかり着るようになり、コロナ禍だったこともありマスクも外せなくなりました。

この頃は、姉とケンカすると、親しくしてもらっているパティシエのえりちゃんの所に逃げて泊めてもらうなど、プチ家出もしていました。

16歳にして人生のどん底を味わう

夏休みが終わると、再びコロナが流行りだし、またリモート授業になりました。

その後、授業が再開しても、学校に行かない時間が長かったからか、学校に行くのが怖くなって不登校になり、そこからは引きこもり生活になりました。

自宅では特に何をするでもなく、ただ部屋に引きこもって毎日泣いて過ごすだけ。この時期は、とにかく生きているのがいやで、つらくて仕方がありませんでした。

私は母がいるからこそ生まれてきたんだし、母の笑顔を見るために生きていたのです。

母がいた時は、私は１人の人間としての苦しみや痛みなどの感情もあまり感じることもなく、ただ人間の形をした宇宙人のような感じで、楽しく過ごしていただけでした。

母の用意してくれたステージで、私はワクワクすることだけをして生きていたのです。

私にとって、母は私のすべてでした。

とにかく、これまで母に頼りっきりで、中学生になっても教科書には母親が名前を書いてくれていたほどでした。

だから、そんな母を失った時点で、私は空っぽになり、何もできなくなったのです。

もはや、生きる理由も意味も居場所もなくなりました。

ただ毎日、死にたくて死にたくて、何度も自殺を考えました。

母には、これからも私の成長を近くで見守ってほしかったのです。

将来、大人になって結婚するときのウエディングドレス姿や、私の子どもになる孫の顔や成長なども見てほしかったのに、という思いは誰にも、どこにもぶつけられません。

母を失って残ったのは、何もできない無能な私だけ。毎日失望と絶望の連続でした。

そして、今まで自分がしてきたことを思い出すと、自己嫌悪感が湧いてきて、自分がどんどん嫌いになっていきました。

自分の容姿、性格、声、考え方、自分勝手なところ、弱くて無力で、何にもできないくせに自分のことしか考えず人に優しくできない、そんな自分のことが大嫌いになりました。


いつしか、母が死んだのも私のせいだと本気で思うようになっていました。

「こんな出来損ないの私のせいで、母はストレスで亡くなってしまったんだ！」と自分を責め続けました。


そんな荒れた気持ちの中、中学を卒業した後は、高校は通信制の学校を選びました。

高校生活は、授業の他には何もしない時間が苦痛で、毎日ＴＶやネットをだらだらと見て、好きな音楽を聴いて、好きなアイドルを推して、あとは寝るだけ、という現実逃避の日々です。

この頃は、セッションに関しては特に集客をしていなかったので、月に1回セッションを行うか、行わないか、という程度の活動に留まっていました。

また、バイトもはじめたのですが、毎日バイト漬けで掛け持ちをすると、かなりお金を稼げたりもしたのですが、結局長続きはせず、毎回どのバイトも1~2か月で辞めてしまうことになりました。

当時は、学校にも通わず朝からバイトする生活はどこか後ろめたく、そのうち同級生と会うのが恥ずかしくなり、同級生の友達は数人を残して縁を切ることになってしまいました。

そして、中学もまともに行けなかった私が順調な高校生活を送れるはずもなく、1年生の時には早速単位を落として高校を留年しました。

その頃の私は、人生で最も青春を謳歌《おうか》しているはずの16歳にして、どん底にいたのです。

地獄からの脱出

そんな地獄だった日々から私を救ってくれたのは、龍見家でした。

龍見亮太さん（以下、亮太）は、かつてハワイ島で「L（エル）」というリトリート施設を経営していた人で、現在は日本の淡路島でやはりリトリート施設を一家で経営している人です。

かつて、母は生前に彼のハワイの施設で行われたスピリチュアル系の書籍の翻訳者・著作家として知られている山川 紘矢《こうや》・亜希子 夫妻が行うリトリートツアーに参加した縁がきっかけで、主催者の亮太と出会うことになったのです。

当時、手術後で回復中だった母親とハワイの現地でお世話をしてくれたのが亮太の奥さんの美香ちゃんでした。

龍見夫妻と仲良くなった母は、帰国後も楽しそうに2人のことを話していました。

ハワイ旅行の後、母が生きているうちに私を含めて4人で会ったのは一度だけだったのですが、母が亡き後に2人はお墓参りに来てくれたり、私を旅行に連れて行ってくれたり、私に時々連絡をくれて会ってくれるようになりました。

私にとって龍見夫妻は親戚でもなく、また、これまで何度も会って身近な関係でもなかったのに、私のことを気にかけてくれるのが有り難く、つらかった日々の中で私の救いになりました。

2023年の年始には、龍見家が住む淡路島に遊びに来ないかと誘われたことで、私もすぐに淡路島に行くことを決めました。

でも、最初の頃は、昔と変わってしまった自分の姿を見られるのが恥ずかしくて、しばらくはマスクが外せませんでした。

2人は、まともに笑いもせず暗く、ずっと寝てばかりの私に優しくしてくれて、話をたくさん聞いてくれました。

何より、久しぶりに皆で一緒に食卓を囲みながら、愛情がこもった食事をいただくのは幸せを感じるひとときでした。

かつて、母も食事に関しては食材にはこだわっていて、乳製品や砂糖、お肉などは一切、食卓に上ったことがなかったほどでしたが、龍見家の食事も栄養たっぷりで健康に気を遣ったものを毎回、出してくれるのです。

そんな心のこもった食事に身体も喜び癒やされたのか、また、規則正しい生活に戻ったからなのか、荒れていた肌も次第にきれいになり、少しずつマスクも外せるようになりました。

そして、滞在した最後の日に、龍見夫妻から「もし、まりなが望んで、お父さんが許可してくれたらだけど、淡路で一緒に暮らしてもいいよ」と、提案してくれたのです。

私は、この苦しい日々から抜け出せるかもしれないと思い、その誘いを受けることにしました。

もう一度、笑顔になれた！

淡路島での暮らしがはじまってからは、いつも好きな人たちに囲まれながら、龍見家が経営するリトリートセンター、「AMANA」に集まってくるさまざまな人たちの話を聞いていると、私も少しずつまた自分自身を取り戻すようになってきました。

ＡＭＡＮＡを訪れる人たちはいろいろな世界を見てきた人たちが多く、彼らとおしゃべりをしながら、私自分が見ている世界のことを話すと、「面白いね！」と聞いてくれて、再び思い切り笑えるようになっていったのです。

私は、久しぶりに感じる温かい幸せに、心が浄化されていくのを感じました。

ちなみに、龍見家と我が家とは、家族構成や教育方針、家族のそれぞれの性格などがとても似ていて、一緒に暮らすことに違和感もなく、特に、龍見家の長女、くうちゃんはびっくりするくらい私に性格が似ているのです。

例えば、くうちゃんが両親から注意されるようなこともほとんど一緒で、そんなことも、まるで昔の私を見ているようです。一緒に過ごす中で、私がくうちゃんに注意することも多々ありました。くうちゃんは、まるで昔の私と同じなので、彼女の気持ちが手にとるようにわかるのです。

私は、くうちゃんのことが大好きだから怒るのに、彼女から見たら、私はただの怖い人としか思われてないんだろうな、などと感じたりもしました。こうして今、大人になりかけている私ですが、子育てをする両親の気持ちが今になって少しわかるようになりました。

そして、改めて両親から、これまで大きな愛情を注がれていたことを知ったのです。そんなことをくうちゃんは、私に教えてくれました。

次女のかのちゃんは、私に癒やしを与えてくれます。
まだ小さいかのちゃんですが、私に懐いてくれていて、私の名前を呼んでくれるようになったり、新しい言葉を覚えたりと、毎日できることが少しずつ増えていく様子を見ているのもうれしいのです。

私は、これから2人の成長を近くで見届けていきたいなと思っています。

夢も希望も失っていた私に人生の楽しさ、すばらしさを2人が教えてくれたのです。


今、こうして一度なくした幸せをカタチは違うけれど、もう一度味わうことができたことで、自分がどれだけ幸せだったのかがよくわかるだけでなく、何気ないささいな幸せにも感謝できるようになりました。


まだ18歳という年齢なのにもかかわらず、これまでの人生には、つらくてしんどいことがたくさんありました。

でも、これまでのすべての体験が私にとっては宝物なのです。

そんなことに、やっと気づけたのです。

さて、現在の私は、横浜の実家で通信制の高校へ通いながら、週3回インスタライブをして視聴者の皆さんといろいろなことを話したり、また、個人セッションなども行ったりする日々を送っています。

実際には、現在でもまだ、立ち止まってしまうことも多いし、日々奮闘しながら自分と向き合っているところであり、母を亡くした悲しみも現在進行形で乗り越えている最中です。

それでも、大切な人を亡くしたからこそ強くなれた少しだけ成長した私として、これから先の長い人生をしっかりと歩んでいきたいと思います。

まりなを我が家に迎えて

龍見亮太・美香

まりなと龍見家との出会いは、山川紘矢・亜希子ご夫妻のハワイ島リトリートツアーに、まりなのお母さん、ひろみんが参加してくれたことがきっかけです。

その後、ひろみんからの紹介ではじめて会ったまりな。

常にお母さんにくっついている、華奢《きゃしゃ》で小さな女の子、というのが最初の印象でした。

実際には、ひろみんとまりなと会ったのは、その時一度きり。その後、ひろみんは体調が急変し、あっという間に、肉体を卒業してお空へと帰って行っ

Column

てしまいました。

私たちは、生前ひろみんから、今後のまりなの活動について相談を受けていたこともあり、なんとなく、まりなのことを託されたような感覚がありました。

ただ、いきなりこちらから必要以上に声をかけて、逆に負担になってはよくないと思ったので、いつかまりなに助けが必要になったときには、「私たちにできることは何でもやってあげよう！」と夫婦で話していました。

その後、ひろみんが亡くなって丸2年が経った2023年の1月3日、ひろみんの命日。

久しぶりにまりなと連絡を取りました。そして、1週間後の1月10日に、まりなは私たちが住む淡路島に遊びに来ることになりました。

今思えば、そのときから、私たちはひろみんの導きによって動かされていたのかもしれません。

久しぶりに会ったまりなは、顔を見られるのが恥ずかしいと言って、家の中でもマスクを外せず、声をかけてもあまり会話ができないほどに、自分に自信をなくしていました。

話を聞けば、この2年間は、何をやってもうまくいかず自暴自棄になり、最近では外出することもできなくなっていたとのこと。学校にも行っておらず、食生活をはじめとした生活習慣は大幅に乱れ、「今の自分は大嫌い！」と語っていました。

そのときの滞在は11日間でしたが、毎日食事を一緒に食べ、徐々に慣れてきたこともあり、後半はマスクも外し、笑顔で話せるようになりました。

以降、まりな本人の希望もあり、そこから年の半分は淡路島に来て龍見家

Column

の家族の一員として、一緒に過ごすことになりました。

「今回はまりなをお客さんとして迎え入れたけど、また淡路島に帰ってきたかったら、龍見家の長女になったくらいの気持ちで戻ってきてね。でも、家族として受け入れるということは、龍見家のルールで一緒に暮らすということ。朝もちゃんと起きてもらうし、子どもたちの教育はまりなに任せるから、お手本になるくらいの気持ちで過ごしてほしい。それでもよかったらいつでも帰っておいで！」

私たちはそんな約束をして、いつしか本当の家族のように一緒に暮らすことになったのです。

龍見家には、普段からたくさんの素敵なゲストが訪れます。

その度に、皆さんが優しくまりなに関わってくださったおかげで、彼女はどんどん元気になり、自信を取り戻していきました。そして、家族同然の暮らしがはじまって半年が経った頃、「やっぱり、自分の能力を生かして活動していきたい！」とまりなから言うようになったのです。

まりなの活動再開の形は、以前から決めていました。

それは、私たちのご縁をつなげてくださった山川ご夫妻と一緒にステージに立つということ。それこそが、ひろみんから託された唯一の願いだったからです。

山川ご夫妻にご相談したところ、二つ返事でご了承いただきました。

それからの展開は、ひろみんの天国からのプロデュースが働いているとしか思えないほど、奇跡が続くことになりました。

まず、SNS上で立ち上げた、まりなの活動再開を応援するグループには800名を超える方々が参加してくださいました。

イベント当日は、会場参加・オンライン参加を含め、120名を超える方々

Column

にお集まりいただき、晴れて、まりなの「女子高生チャネラーMarina」としての活動再開を、皆さんと共に祝福することができたのです。

また、このイベントをきっかけにスタートした、まりなのYouTubeチャンネルは1年で登録者数4万人を突破し、総再生回数は500万回を超えました。

今年の4月からは個人セッションも再開。募集開始から10日で400名を超えるご応募があり、現在もたくさんの方々にお待ちいただいている状況です。

本当にたくさんの方々のおかげで、順調に活動を再開できたまりなですが、まだ18歳の女子高生であり、学業も自身の夢もあるので、個人セッションや活動のペースは、様子を見ながら、少しずつ進めていこうと話しています。読者の皆様も温かく見守ってくださると幸いです。

第3章

本当の自分を生きるためのワーク3選

ワーク1

自分の中の答えを信じるために、宇宙人を描いてみる

ここでは、皆さんに宇宙人の絵を描いていただきます。

このワークの目的は、自分の中の答えを信じるレッスンをすることです。


「え？　宇宙人を描くってどういうこと？」

「宇宙人って、本当に存在するの？」

「何の意味があるの？　馬鹿げている！」


などと思った人もいるかもしれません。

でも、ここでは、あなたのイメージの中にパッと浮かんできた宇宙人を絵にしてみてほしいのです。

とはいっても、宇宙人なんて自分には見えるわけないし、実在しているものかどうかもわからないし、ただ想像して描いているだけかもしれないから、本当に合っているかどうか確認のしようがない……。

そんなことを、思う人もいるでしょう。

でも、あなたの描く宇宙人には、正解も不正解もないし、さらには、間違いもないんです。

だからこそ、疑いや否定から入るのではなく、一度「私は宇宙人が描けるんだ」と信じてみる。

そして、その上でそこから何が学べるのか、吸収できるのかを考えてみるのです。

すると、自分が勝手に想像して描いただけかもしれないのに、描いた絵には今の自分との共通点が見えてきたり、その絵から何か思い出したり、大切なメッセージやヒントが降りてくるかもしれないのです。

基本的に、「答えはすべて自分の中にある」のであり、自分が一番答えをわかっているものです。

まずは、そのことに気づいてほしいのです。

日々の生活の中で、大抵のことは調べれば簡単に答えを見つけることができるし、物心がついた時から、私たちはわからないことはすぐ人に聞く癖がついています。

また、なぜか人から聞いた答えの方が正しくて、自分が感じていたことは間違いだとしてスルーしがちなのです。そして、自分が基準にしている価値観は親や世間の価値観だったりするのです。

人はラクに生きたい生き物なので、簡単に答えが手に入るとわかると、自分で考えることを忘れてしまうのですが、実際には、本当に知っておいた方がいいことは自分にしかわからないものです。

だから、どうか「自分自身」を大切にしてください。

例えば、あることが起きたとき、自分は何を感じて何をどう思ったのか、そんな自分の思いを尊重してほしいのです。

あなたはどんな容姿で、どんな性格で、どんな環境のもとでどんな家族を選び、どんなスキルを選んで生まれてきて、何が好きで嫌いで、どんな人生を生きてきたのか……etc.。

その答えは皆、違うし、その答えを知っているのはあなただけです。

今のあなたに必要な宇宙人が現れる⁉

だから、まずは自分の感じたことを認識して、信じる練習をしてほしいのです。

すべての出来事に対して、感じることを認識して紐解《ひもと》き、理解して腑に落とす。そして、実践する。

この手順を意識的に行うようにすると、次第にこれが習慣化できるようになります。

私は、人生には自分に必要なことしか起きないと思っています。

だから、あなたが描いた宇宙人も、きっとあなたの今に何か必要だから、あなたの世界に現れたのだと思います。

また、最初にサンプルとして、私がクライアントさんのセッションで描いてきたクライアントさんたちの宇宙人を幾つかご紹介したいと思います。

これは私だから描けたのではなく、あなただって描けるのです。

さあ、118ページからのノートに、何でもいいので自分の中に浮かんできた宇宙人を絵にしてみましょう。

そして、その絵を描きながら、または、絵を描いた後に浮かんでくるアイディアやイメージを私がつけているようなメモにあるような簡単な解説を作ってみましょう。

その宇宙人の特徴や個性から、宇宙人に名前をつけてみるのも面白いですね。

これはあなた自身の姿？　それとも他の誰か？　はたまた、まったく知らない存在？

どんな宇宙人で、どんな特徴がある？　この宇宙人は何をあなたに伝えようとしている？

もしくは、何かのメッセージを実際にあなたに伝えてきた？　この絵からどんな気づきを受け取った？

どんなことでも受け取ったものを疑わずに、すべてメモにしてみてください。

きっと、そこにはあなたに必要な何らかのヒントがあるはずです。


宇宙人を描いてみることのもう１つのメリットとして、もし、自分の姿を描いた場合、ユニークで可愛いキャラ化した宇宙人や、ちょっとおバカで笑える間抜けな宇宙人なんかが描けたなら、それだけで楽しいはずです。

なんだか自分がこの地球で悩んでいることなどがちっぽけに見えません

か？

そんな自分なら、何が起きたってＯＫ！なんてポジティブになれたりするものです。

そんなふうに自分のことを俯瞰できるようになるのも、宇宙人を描いてみることの効果の１つです。

◎まりなが描いた宇宙人たち

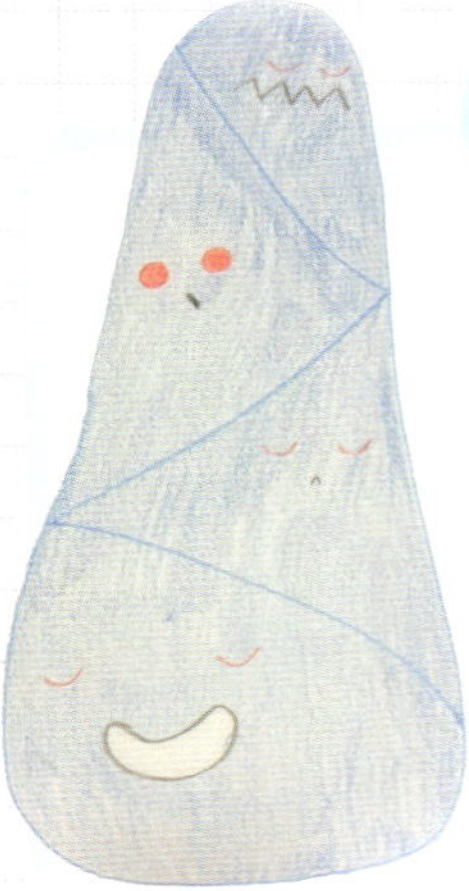

4つの感情を4つの魂で生きる“命短し”宇宙人

感情を味わうために生まれた宇宙人。1つの肉体に4つの魂が入っている。1つの魂は1個の感情しか味わえないので、ある1つの魂がメインに活動するとき、他の魂は眠っている。魂が入れ替わるためには、たくさんのエネルギーを使うので肉体が長く持たない。地球の時間に換算すると、1つの命を約30分間、3、4回体験したら人生が終わる。

虹色の光でエネルギーをチャージする宇宙人

人間にエネルギーをチャージしている宇宙人。目から虹色の光を放っており、他の宇宙人もその光に当たるとエネルギーがチャージされて活発になる。ただし、闇が得意な宇宙人が光を浴びると、エネルギーの吸収が間に合わず、焼け焦げて肉体がなくなってしまう。ちなみに、光が得意な宇宙人は特殊な音を放つ一方で、闇の宇宙人は存在が無音であることから、光側から発せられる音を聞き取りながら行く場所を決めているらしい。

女子高生チャネラー Marina が
セッションで見た宇宙人

Post card

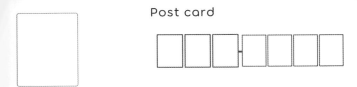

「あなたのお悩み解決します」という宇宙人

身体全体を使い、人の悩みを解決していく宇宙人。人から悩みを聞くと手が勝手に動き出し、絡まっていく。そして、問題が解決できると手が解ける。右半身が自分の問題で左半身が自分以外の問題であり、大抵の問題は自分が変われば解決できるので右側ばかりが絡まるそう。左右の目は見え方が違うらしく、人の気持ちや運勢、必要なヒント、アドバイスなども見える。ある人の問題が一度自分の耳に入ると、解決するまで、その人から離れない。

誰も奪えない！体内の青い宝石が輝く“お宝宇宙人”

身体の中に青い宝石を持つ“生きるお宝宇宙人”。すべての目が開かれたとき、身体の中に隠されていたお宝が姿を現す。人生ですべての目が開かれるのは数回だけなので、物質的な豊かさの価値観を持った宇宙人がその機会を狙っている。けれども、他の宇宙人がこの宇宙人の青い宝石を見つめると、魂が眠ったり、魂が入れ替わったりするので、他の誰かにお宝を奪われることはない。そもそも、全身が透明なので他の宇宙人から見つかることはほぼない。

栄養分となり不調を癒やす ヒーリング宇宙人

頭の先から物体（子分）を増やしながら、流れの中でゆらゆらと生きている宇宙人。頭から出る物体は成長すると子分になるが、完全に成長する前に他の存在の体内に入ると栄養分になるので、その人の不調が治ったり、周囲の不調も直せたりする。ちなみに、その物体は他の宇宙人の目には見えないので、本人たちは自分たちが出している物体で人を救っていることに気づいていない。

不思議な香りで思いを引き出す 宇宙人

人がひそかに思っていることを引き出す宇宙人で、身体から不思議な匂いを放っている。この宇宙人からの匂いが肉体に付着すると、本人さえも自覚していなかった思いがあふれ出してくる。匂いを放っている宇宙人は口がないのでしゃべることはできない他、テレパシーなども使えない。

集団で協力して仕事する人間みたいな宇宙人

10〜20人が1つの肉体（ロボット）に入り、指示された仕事をする宇宙人。各々の宇宙人たちは、自分の得意分野がわかってはいるが、あえて得意分野の仕事ではなく、苦手な分野で仲間たちと協力して仕事をしている。彼らは、得意なことをするのは簡単でラクだし楽しいに決まっているので、あえて、得意ではないことを仲間と助け合いながらやることに意味を見出す。なぜなら、その方が学ぶことがたくさんあるから。この宇宙人は人間ほど複雑ではないけれど、なんとなく価値観が人間と似ている。

前進せずに左右に空飛ぶフライング宇宙人

仲間と飛びながらいろいろなところに移動している宇宙人。移動方法としては前方に直進ができず、左右に揺れながら飛ぶことで進行する。3つある目は、それぞれ見ている世界が違い、パラレルワールドのように同時に存在している、いろいろな世界線を同時に見ている。

つらい思い出を食べて癒やす記憶ロス宇宙人

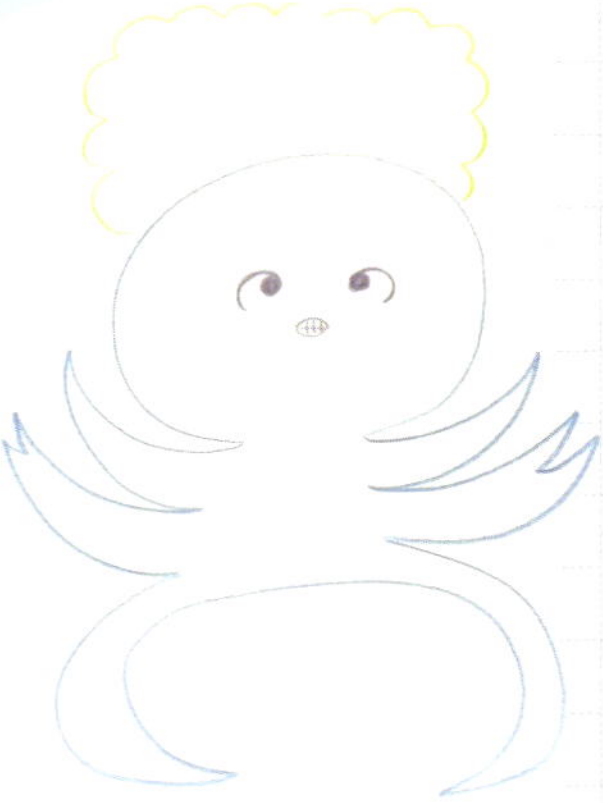

トラウマや消したい記憶を食べてくれる宇宙人。例えば、宇宙で戦争が多い星に行って、その星にいる依頼人からのつらい思い出などを食べる仕事もしてくれる。他には、前世の記憶を持っている宇宙人がいたとして、生きていく中でその宇宙人が過去の記憶に悩まされたりする場合、その記憶を食べてくれることもある。

本気にならない争いごとが好きな好戦派宇宙人

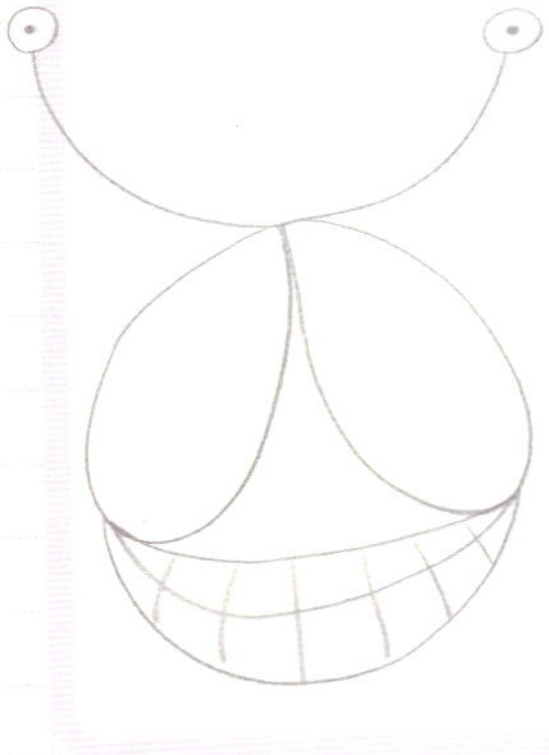

争いが大好きな宇宙人。とはいえ、そんな宇宙人たちにとって争いは本気なものではなく、常に小さなくだらないことで争っている。あえて争うことを好む宇宙人は珍しいので、逆に、そんな生き方から学んでいることをいろいろな存在たちに伝えている。

大きな身体で
星のメンテナンスを行う宇宙人

星のメンテナンスをする宇宙人。その方法も、大きな身体と小さな手をうまく使って、一瞬、星をひっくり返して一定の色を保てるようにバランスを取る。実は、それぞれの星にはこの宇宙人にしか見えない色があり、バランスが崩れるとその星に住めなくなったり、星が消滅したりすることもあることから、定期的にさまざまな星へメンテナンスをしに行く。

◎宇宙人を描いてみよう！

ワーク11

今の幸せを味わって！
自分に「あるもの」＆「ないもの」を
リスト化してみる

ここでは、皆さんに今、自分が持っているもの、持っていないものをそれぞれリストに挙げていただきます。

このワークの目的は、「今のあなたが幸せである」ということ。そして、「今のあなたは、こんなものを持っている」ということを認識していただくためのレッスンです。

人生を豊かに、幸せに生きる方法をご存じですか？

お金持ちになること？　結婚すること？　子どもを産むこと？　健康に長生きすること？　ブランド品に身を包むこと？　美味しいものを食べること？


実は、そのどれもが「いいえ」なのかもしれません。

人生を豊かに、幸せに生きる方法の答えは、「気づくこと」です。


私は、母を失って大切なことに気づきました。

それは、私が「たくさんのものを持っていた」、ということです。

幸せな家庭に生まれたこと、両親や家族、周囲の人たちからたくさんな愛情をもらって育ててもらったこと、今でもたくさんの人から愛されていること、今の自分がとても恵まれていて幸せなこと、などです。

また、今という瞬間が一番大切なことも、母を亡くすまで気がつきもしませんでした。

当たり前で普通の日々のことを、〝当たり前だ〟と思えていたのは、とても幸せなことでした。

私は、母を失って初めてそんな普通の日々が幸せだったことを知ったのです。

あの頃の日々がもう二度と訪れないことを知って、初めてそのことに気づいたのです。

私たち人間は、ついついないものねだりしてしまいます。

常に足りないものを数えたり、自分ができないことを数えてガッカリしたりしています。

また、過去を悔やんだり、未来に不安を感じたりもします。でも、それが成長につながることもあるので、ないものねだりをしてはいけない、とまでは思いません。

ただ、どうか〝今ある当たり前の幸せ〟に気づいてほしいのです。

そのためにも、自分が今、持っているもの、そして、今の自分がどんな状況であるかについてを、ここでもう一度、振り返ってみてほしいのです。

ないものを掘り下げることで、いつかあるものに変わる⁉

134〜141ページに、今のあなたにとっての「あるもの」と「ないもの」を書き出してみましょう。

私の「あるもの」と「ないもの」のサンプルもつけておきますので参考に

してみてください。

もしかしたら、ないもの、足りないものの方がたくさん出てくるかもしれません。

でも、実は自分が気づいていないだけで、他の人からは「いいなぁ〜！」「うらやましいなぁ〜」などと思われているものがきっとあるはずなのです。

例えば、自分ではあることが当たり前にできてしまうから、逆にそれを特別なことだと気づかないことがありますが、それこそがあなたの才能や個性だったりするのです。

そんな素敵なものに、気づけないのはもったいなくないですか？

リストに書きながら、ぜひ、ないものを数えるのではなく、あるものに気づき、感謝をしてみましょう。

それがあなたの人生を豊かにし、幸せになる一番の近道です。

リストの挙げ方のコツとして、まずは、パッと思いつくざっくりとしたものからでOKです。

例えば、「ないもの」をリスト化する場合、今の自分にはまだ将来の夢がない場合、「夢」と挙げたのなら、そこから、細かく具体的にその夢というキーワードを自分なりに掘り下げてみるのもいいでしょう。

そうすると、「自分には何の才能もないから、自分に何ができるのかわからない」、と感じているのかもしれないし、「まだ若いから、今からいろいろなことを体験したり、挑戦したりしてから具体的に将来の夢を決めよう」「大学へ行ってから考えよう」、などと思っているのかもしれません。

こんなふうに、〝ないもの〟を掘り下げていくと、そこから未来に向けてそれを〝あるもの〟にするための転換を図ることも可能だったりするのです。

そんなことも考えながら、リストに挙げてみるのもおすすめです。

あなたにも、たくさん〝あなただけ〟しか持っていないものがあるはずです。そんなあなたを、ここで発見していきましょう。

また、あるものとないもののリストは、時期によっても変わってきます。今のリストと3か月後のリストもまた変わってくるはずなので、折に触れて、気づいたときにリスト化してみるのも自分の変化を確認できるはずです。

ノート部分にリストは4回書けるようにしているので、定期的にリストに書きながら自分を見つめてみてくださいね。

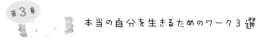

◎まりなの「あるもの」と「ないもの」リスト

自分にあるもの

- パパ、 お姉ちゃん（家族の存在）
- 思い出が詰まった我が家
- 家族のように温かく受け入れてくれる
  ファミリーと友達
- 過去の幸せな記憶
- 自分を守ってくれる、 パパがくれたヘッドホン
- 私だけの個性
- 目の下と口元のホクロ

自分にないもの

- ママ
- 同世代の友達
- 兄や弟など男の兄弟
- 野望
- とびきり整った容姿
- 自分の中から湧き出てくるやさしさ
- いわゆる普通の一般家庭にあるような生活

◎「あるもの」と「ないもの」リスト

自分にあるもの

-
-
-
-
-
-
-
-
-

自分にないもの

-
-
-
-
-
-
-
-
-

自分にあるもの

-
-
-
-
-
-
-
-
-

自分にないもの

-
-
-
-
-
-
-
-
-

自分にあるもの

-
-
-
-
-
-
-
-
-

自分にないもの

-
-
-
-
-
-
-
-
-

自分にあるもの

-
-
-
-
-
-
-
-
-

自分にないもの

-
-
-
-
-
-
-
-
-

ワーク 111

ぬいぐるみや天然石と対話してみよう！

すべてのものには、波動があります。

それはすなわち、すべてのものには意識がある、ということです。

そこで、ここでは、あなたの大切なものと対話をしてみることを通して、〝ものにも意識があるということを感じてみるレッスンです。

基本的に、対話をする対象は、あなたの持ち物であれば何でもいいのですが、特に、自分の部屋のベッドサイドに置いているぬいぐるみや、机の上に置いているクリスタル、お気に入りのジュエリーなど、あなたが大切にしているものと会話をしてみるのがおすすめです。

なぜなら、あなたが大切にしているものだと、思い入れがあることから、きっと話したいことや聞いてみたいこと、相談したいことなどがたくさんあるはずだから。

まずは、「こんにちは！」とか「ただいま！」などの簡単な挨拶を投げかけてみましょう。

すると、相手から「こんにちは！」とか「おかえりなさい！」などと返事が返ってきたような感じがしませんか？

なんとなく、返事が返ってきたような感じがするけれど、それはきっと自分が想像しているだけ、いや、自分が会話を作っているだけ、などと決めつけないようにしましょう。

そんな自分の想像で創り上げたかもしれない言葉だって、実は、本当に会話ができていたりするものです。

そんな挨拶からスタートして慣れてきたら、少しずつ複雑な会話にもトライしてみましょう。


例えば、あなたが何か悩みごとを質問したら、どんな答えが返ってくるかやってみましょう。

もしかして、その答えは、あなた自身が持っている知識や想像できることからは出てこない回答かもしれません。

そんなやりとりができるようになると、実際に〝会話ができる〟という自信が持てるようになるはずです。


対話を繰り返すうちに、きっとあなたのぬいぐるみや天然石、ジュエリーなどそれぞれの持つ波動の違い＝個性やキャラクターの違いなどもわかってくるかもしれません。

そして、あなたの大切なものたちとの関係性を確立できたとき、彼らはあなたのよき人生のパートナーになってくれるはずです。

第4章

あなたからの質問にお答えします！

～まりなに Q&A～

この章では、皆さんからいただいた質問に私の方でお答えしたいと思います。

他の方と答えや見解が違うことも多いかもしれませんが、今の等身大の私として感じていること、答えられることとしてご紹介していきます。

Q1 目に見えない世界、目に見えない存在たちとつながるにはどうしたらいい？

A まずは、「見えない世界とつながることができる」と自分を信じること。本当は皆、見えない世界からの情報は受け取っているので、まずは、そのことを認識する。その上で、何か気づきを受け取ったら、「これは、何かのメッセージかな？」と自分に問いかけてその意味を紐解き、腑に落とせるかどうかという練習を繰り返してみて。また、「目に見えない世界とつながることが、自分にとって本当に必要？」ということも問いかけてほしい。もし、つながることができないのなら、それは今の自分には必要がないから、そのことが起きていないのだから。また、ただ「目に見えない世界とつながりたい！」という好奇心だけでなく、それが実際に可能になったら、自分はどうしたいのか、ということまで考えてみるのも大切。

Q2 小さい頃に見えない世界のものはどのように見えていたの？

A 小さい頃から、あたり前のようにいろいろなものが見えていた。まだ小さいので見えているものが何かわからないことも多かったけれど……。例えば、もし、龍が見えるとするなら、龍の形がくっきりと目の前にバン！と現れるわけではなく、なんとなく最初は透明なカタチで見えているものに意識を合わせていくと、どんどんその龍の色や形、大きさや顔の表情などもはっきりと見えてくる。龍に関しては、小さい頃は自分に見えているものが龍という存在だとはわからなかったけれど、少し大きくなって母親に「龍が見える子がいるんだよ！」って言われて、初めて私も「私にも時々見えている、あれが龍なんだ！」というのが理解できた。母もそんな私の話を楽しそうに聞いてくれて、決して私の話を却下することもなかったからよかったと思う。

ちなみに、私が最初に見た龍は、その時、なんと、うんちをしていて、そのうんちが落ちてきた人にはラッキーなことが起きる、というのがわかった。

Q3

生まれる前に人生のシナリオを書くというけれど、それは１つのシナリオだけ？　シナリオは変えられないの？

A 私としては、「シナリオは決まっている」と考えた方がいいと思う。なぜなら、そう考えることで、たとえ、人生でどんな悪いことが起きても自分の魂がそのことを体験したかったから、と前向きに捉えて生きられるのではないかと思うから。だから、自分の人生において、幾つかの選択肢があった場合、そのうちの1つを選んで、そこで失敗して、また違う道を選び直したとしても、それはシナリオをその時々で更新して書き替えているというより、そんなシナリオをもともと書いていた、と思いたい。

Q4

地球の「アセンション（次元上昇）」についてどう思う？

A 「アセンション」という言葉も知らなかった私は、地球が次元上昇するということがすばらしいことなのかどうかわからない。なぜなら、私たち人間だけでなく、今、この世に存在しているすべてのものたちは、〝今のこの状態〟を選び、この状態がすばらしい、として生まれてきて、今、生きているのだから。だから、次元上昇すると、今の地球ではなくなってしまい、今の地球の良さがなくなってしまうのではないかな？　今の、この状態を求めてやってきた私たちなのだから、〝今ここ〟の現実を楽しめばいいんじゃないかと思う。

Q5 人間以外の生き物にも意識はあるの？

A もちろん、あります。動物や植物、樹木に花、虫、などすべての生き物はそうだし、机や椅子、ペンにスマートフォンのチップなどにもある。紙に犬の絵を描いたとして、そこに目を入れたら、その犬の絵にも命が吹き込まれて、意識が生まれるので、おしゃべりできます。

Q6 生き物以外のモノにも意識があるとしたら、個性や性格に違いなどはあるの？

A はい、それぞれに違った個性があります。例えば、パワーストーンにはそれぞれ石の特徴があるといわれていて、インカローズやローズクォーツなどピンク色の石の場合、恋愛運アップにいいといわれているし、ゴールド系なら金運アップ、グリーン系なら健康運アップといわれている。でも、実際には石たちの個性によって効果もそれぞれ違ったりするし、石の方も、その石の持ち主によってエネルギーの出し方を変えたりする。また、石にも女の子、男の子みたいな性別風な性格もあるし、おしゃべりが好きな石、静かな石、外に出るのが好きな石など、それぞれの個性もある。そして、石の浄化の仕方も通常なら流水で洗う、日光に当てる、月光浴をするなどがよくいわれていることだけれど、浄化の仕方もそれぞれ石の好みがあったりするもの。石とつながるワークを通して、ぜひ、自分の石と友達になってほしい。

Q7 お金はどうやったらたくさん稼げる？

A 自分の才能や本質に合った〝好きなこと〟〝得意なこと〟を行うことで、お金は得られると思う。基本的に、私には「お金に困る」という思考がないので、お金に困ったことはない。でも、12歳くらいからセッションを行ったり、アルバイトをしたりなどで、自分なりにお金をいただく経験も積んできた。今は、決して〝お金持ち〟ではないけれど、お金のことは心配していないし、これからも「どうにかなるさ」と楽天的な考えでいたい。そうすれば、きっとこれからもお金には困らないと思うから。

Q8
天使とかアセンデッドマスター＊などは本当にいる？
もし、いるなら彼らは人間をサポートしている？

A いると信じればいると思う。でも、1人の人間をサポートしているのは、その人の周囲にいつもいてくれるその人のご先祖様やご縁のある守護霊たちではないかと思う。やっぱり、天使やアセンデッドマスターたちよりも、ご先祖様や守護霊の方がその人にとって、もっと身近な存在だから愛情も感じているし、「守ってあげたい！」と思っているのではないかと思う。

＊アセンデッドマスター
過去に人間として地球上で生きた経験があり、現在は高次元の存在として人間たちをサポートしているといわれている。アセンデッドマスターには、キリスト、サナトクマラ、聖母マリア、釈迦、観音、ヒラリオンなどがいる。

Q9 この世界にはたくさんの神様が存在しているけれど、一番偉い神様は誰？　神様に序列はあるの？

A　一言で言うなら、一番偉い神様はいないし、神様に序列などもない。それに私たち人間は、神様をものすごい存在だと崇《あが》め奉っているけれど、神様も私たちと一緒。もっと言うなら、神様も人間も動物や植物、鉱物などこの世界に存在しているすべてのものたちと同列。私たち人間に会社員、シェフ、警察官、エンジニアなどいろいろな職業や役割があるように、神様も神様という〝仕事〟をしている存在たち。つまり、神様という役割を演じているだけ。また、私たちは天照《あまてらす》大御神《おおみかみ》など神様にそれぞれ名前をつけているけれど、名前は私たち人間が付けただけであり、本当に天照大御神という1人の神様が存在しているわけではなくて、時と場合によって、天照大御神を演じる神様がいたり、また、幾つものスピリット（霊体）がひとつにまとまって集合意識のようになったりして、天照大御神という神様を演じていることもある。

Q10

見えない世界には悪意を持った存在はいる？

A

この世界にある概念で善か悪かを決めているのは人間だから、いると思えばいるし、いないと思えばいない。私たちの世界の概念で善と悪というものを決めているだけ。ただし、地球的な価値観に当てはめるなら、悪意を持った存在は善意を持っている存在と同じくらいいると思う。なぜなら、この世界のすべては陰と陽という二元性でバランスを取っているから。個人的には、私は地球的な価値観を持っているので、悪意を持っている存在は怖いし好きじゃないので見ようとしないし、自分から話しかけないし、つながることもないと思う。

Q11 まりなはスターシード（宇宙由来の魂を持って生まれた人）なの？

A 私はスターシードという言葉の意味がよくわからなかったので、自分がスターシードかどうかわからないし、スターシードと言われるなら、そうかもしれない。でも、「スタ一シードだからすごい！」ということでもない。他の人に見えないものが見えたり、また、そんな能力があったりすることが特別ということではなく、「そんな自分として生まれたのはどうして？」と問いかけたり、反対に、「そんな自分でないのはどうして？」というその答えの方が大事だと思う。やはり、それぞれの自分を選んで生まれてきているわけなので、そこの部分について考えてほしい。

Q12 波動を上げる方法は？

A 自分にとって心地いい、気分の上がること、ハッピーになれることを行うといいと思う。例えば、好きなものを食べたり、好きな音楽を聴いたりするなど。私の場合は、「ありがとう」という言葉を3回繰り返して言うと不安などがなくなる。この方法も、おまじないのようで〝思い込み〟の世界だけれど、そんな思い込みだって効果的！

Q13 神社やパワースポットへ行くと開運するの？

A 自分の考え方次第なので、神社やパワースポットに行って「開運する」と思えばそうなると思う。ただし、神社は人間の手によって意識的に守られているので、人間の言う悪い気（エネルギー）などは他の場所に比べたら少ないはず。また、パワースポットに関しては、地球上にある自然の多い土地なら、本来ならどこでもパワーを感じられるパワースポットと呼べるのではないかと思うけれど、多くの人が訪れる有名なパワースポットは、やはり他の場所よりもよりパワーを感じやすいのだと思う。だから、意識的に自然のパワーやエネルギーを感じたい人はそんな場所に行くと刺激を受けられるのでいいと思います！

Q14

祈りの力って本当にパワーがある？
例えば、願いを叶えたいとき、病気を治したいときなど、祈りの力って効果がある？

A 例えば、他の大切な誰かなどに対して祈りを捧げるとき、そこに〝愛〟があれば祈りの力は働くと思う（それは、私がそうあってほしいと信じているから）。基本的に、人間が出すエネルギーの中で一番優しくて温かくて力強いのは愛の力だと思う。だから、一切のゆるぎも疑いもなく、その人のことを想った純粋な祈りであれば、愛の力が最強のエネルギーとなって働くはず。

Q15

神社では自分の願い事をしてはいけないの？

A 神社などでは「〇〇を叶えたい！」「〇〇がほしい！」など自分のエゴにもとづく願い事をしてはいけない、という説もあるけれど私はOKだと思う。でも、神社でお願いをする際には、拝殿には鏡があって自分の顔が映るはず。だから、ある意味、神様にお願いしているように見えて、本当は自分自身にお願いをしているんだと思う。すべてのものはひとつにつながっている、というワンネスの考え方なら神様も私たち人間も一緒なのだから、もし、神社に参拝して願いが叶うのなら、きっとそれは、自分の力で自分の願いを叶えているんだと思う。

Q16

日本人として生まれてきた意味はある？

A 日本という〝国〟を選んできているというわけではないと思う。生まれてくる時の前提として、「この人と生きる」と決めた家族やパートナーなど大切な〝人〟を選んでやってきているので、その人たちと生きる国が日本である、と思っている。

Q17

死んだ後、魂はどこへ行く？

A　死後も、自分で書いたシナリオは続いていくと信じている。もちろん、〝着ぐるみ〟としての肉体はなくなるけれど、生きているときと同じような感覚を保ったまま、シナリオを演じ続ける。当然だけれど、死後は肉体がないので、魂レベルでいろいろな所へ自由に行くことはできる。

Q18

輪廻転生《りんねてんしょう》はある？

A　生まれ変わりはあると信じている。でも、生まれ変わるサイクルの中で、毎回、人間として生まれてくるだけでなく、動物や植物になったり、鉱物になったりなど、自身の魂の学びに応じて必要な転生をしていると思う。地球だけではなく、宇宙の別の星での存在としての転生などもある。こうした生まれ変わりのサイクルも、決まったルールがあるのではなく、すべて自分の意思で決めているということ。

Q19 「2025年に大きな自然災害が起きる」といわれているけれど、それは本当？

A 未来に起きることに興味がないので、未来のことはわからない。でも、もし自然災害で自分が死んでしまうような運命にあるのなら、そんな人生を選んだのも自分だから、と受け入れることはできると思う。だから、そのような予言に不安や恐怖を感じて、事前にどこか違う場所へ避難したりとか、そのための準備などをしたりすることもない。

Q20

セッションで皆に伝えたいこと

A あなたが、どんな体験をしようとも、あなたには、あなたに必要なことしか起きていないということ。そして、答えは、すべて自分の中にある、ということ。また、その答えも〝今の自分〟次第でどんどん変わっていくものだから、その時々に感じた答えを信じて、その答えを自分自身で尊重してあげてほしいな。

Q21

今、亡くなったお母さんとコンタクトはとれているの？

A 今、母にコンタクトはあえてしていない。また、夢の中に母が出てきて何かメッセージをくれる、ということもない。これは、私なりの考え方かもしれないけれど、今の状態で少しでも母とコンタクトを取ってしまうと、母の愛を感じて、すぐにでも母の元へ行きたくなってしまうと思うから。私は今でも、まだどこかで母が亡くなったことを受け止めきれていないところがあるのだと思う。今の私は、まだまだ地球でやるべきことはあるから、コンタクトはあえてとりません！

第5章 人生をラクに生きるための5つのポイント

18年間生きてきて
わかったこと・学んだこと

私は今まで生きてきた18年間の中でさまざまな人と出会い、自分なりにいろいろな体験をしてきたことで、多くのことを学んできました。

この章では、まだまだ多くのことを皆さんに語るには若い18歳の私ですが、逆に、今の私だからこそお伝えできることもある、ということをご紹介していきます。

これまでの人生では、私は私なりに目に見えない世界と目に見える世界という2つの世界を生きながら、それらの世界を理解してきました。

その上で、この現実の世界で自分自身とどう向き合いながら生きていけばいいのか、についてたくさん悩んできた中でわかったポイントを5つお伝えしたいと思います。

自分の世界を確立させる

まず1つ目は、「自分の世界を確立させていく」ということです。

ここで言う〝自分の世界〟とは、自分が信じる世界のことです。

自分の中で、これから自分が何を大切にして、何を優先して生きたいのかを明確にするのです。そして、そこから自分の中に取り入れるものと取り入れないものを振り分けながら決定していきます。

例えば、Aさんのこの考え方はしっくりくるから自分に取り入れるけれど、Aさんのあの件に対する考え方は、Bさんの考え方の方が自分にはぴったりはまる。

だから、この部分はAさんで、あの部分はBさんの意見を参考にしていこう。などというふうに、たくさんの情報の中から自分が取り入れたい情報だけを採用していきます。

そして、そのように選択した理由も考えてみるのです。

すると、きっと取り入れた考え方・アイディアには、必ず自分が惹かれる理由や、自分の中に共通するもの、共有できる点、キーワードみたいなものがあるはずなのです。

それらが、あなたの人生を生きる上での判断基準になるので、そんなことも考えて選択しながら、自分の世界を創り上げていきましょう。

そうすると、あふれる情報の中で、〝情報迷子〟にはならないかと思います。

例えば、私の場合は「学び」というキーワードがあります。

自分にとって興味があったり、必要だと思えたりする学びがあるものには、好奇心がどんどん湧いてきてそのことをさらに追求ながら吸収していく感じです。

もちろん、学びの中にも自分には興味のないものや、自分には必要のなさそうなのもあるので、同じキーワードの中で取捨選択をしていくといいでしょう。

それができるようになると、〝これが私〟という自分の世界が確立できるはずです。

世界は自分の見方次第で変わる

2つ目は、「自分の見ている世界は、見え方次第で180度変わる」ということです。

かつて母は、常に「意識がすべて」と口癖のように言っていました。

これは、私たちはすべての物事を自分の思考で認識し判断している、ということです。

例えば、子どもが欲しいと思っている人がいるなら、その人は、街中で妊婦さんやベビーカーに乗った赤ちゃん、小さな子どもたちなどにやたらと目がいくはずです。

でも一方で、そんなことを意識していない人にとっては、たとえ妊婦さんやベビーカーに乗った赤ちゃんなどがたくさん通りにいたとしても、きっと目にも留まらないでしょう。

このように、私たちは、まったく同じ環境の中にいたとしても、自分が意識をしていること次第で、自分の世界に入ってくる情報が変わってくる、ということです。

ということは、もし、自分の意識の持ち方を変えられるのなら、自分の認識する世界も変えられるのであり、それが可能になれば、これまで悩んできたこと、苦しかったことなども少なくなったり、解消できたりするのです。

母は生前に、「宇宙に存在するすべてのものは、必ず、どこかの誰かの役に立つものなので存在しています。物事には良い面も悪い面もあります。だからこそ、たくさんある選択肢の中から自分が何を選ぶか、ということが大切です。そんなことも、自由に選択できるのです。意識がすべてです」とブログに書いていました。

私たちは、すべてのことの良し・悪しや、正しい・間違い、などをつい自分の価値観だけで判断してしまいがちです。

例えば、この人はいい人なのか、悪い人なのか。この行動はいいことなのか、悪いことなのか、などは自分が認識している世界で得た情報や知識だけで判断しているのです。

ということは、自分の認識＝ものの見方が変われば、自分の周囲の世界もガラリと変わるのです。

つまり、自分を取り巻く状況や周囲の人々はまったく変わらなくても、自分の意識を変えるだけで、自分にこれまで見えていなかったことなどが目に入ってくるのです。

この仕組みがわかると、これまで自分の中にあった悩みや苦しみなどがあったとしても、そんなことに時間を費やしていたことなども無駄だった、ということに気づく日が来るかもしれません。

結局は、私たちは何をしてもいいし、しなくてもいいし、どんな考え方をしようが、しまいがその人の自由です。

でも、その人の意識次第で、その人の見える世界、生きる世界が変わっていくのなら、自分にとってよりよい世界になるものの見方＝意識の持ち方をするのも1つの手だと思うのです。

そのためにも、自分はいったい何がやりたいのか、何を大切にしたいのか、どんな自分でいたいのか、ということから考えてみるのもいいかもしれません。

自分に起きることを俯瞰する習慣をつける

3つ目は、「今いる状況を俯瞰する客観性を持つ」ということです。

私たちは、自分を取り巻くその時々の状況に対して、ついつい怒ったり、イライラしたり、笑ったり、泣いたりと気持ちをアップダウンさせたり、喜怒哀楽にどっぷりハマりながら生きています。

そんなとき、自分のいる状況を客観的に把握＝俯瞰できれば、もう少しラクになれるのに、と思うのですが、そんな俯瞰力は身につけるまでが少し難しいですよね。

実は、俯瞰するコツは、完全に肉体の中にいる自分自身と外側で起きている人生を切り離してみる、ということです。

人生は、映画と似ています。

映画のシナリオを書く監督がいて、それを演じる役者がいて、完成した映画を観る観客がいます。

例えば、私の場合だと、母が亡くなって悲しみに浸り、病んでいるときは

1人の役者になりきり、役者の視点になっています。

でも、なぜ、私の母が亡くなったのか、なぜ、まだ幼かった私にこんなことが起きたのか、ということを考えることもできます。

それは、私の魂は何を望み、何を学ぼうとしてこのシナリオを選んだのか、ということを決定する監督としての視点です。

そして、母が亡くなり苦しみもがいている私が、自分に起きることを客観的に見ながら人生の波を楽しむというのが観客の視点です。

ここで、私の言う「俯瞰する」状態とは、観客の視点と監督の視点のことを指します。

観客の視点でいるときは、人生を他人事として捉えられるのでどれだけつらい状況でもその状況を楽しむことができます。

また、監督の視点になると、物事が起きた理由を知ることができたり、その物事が起きたことにより、自分が行うことや、次のステップなどもわかったりします。

自分にとってつらいこと、悲しいことだけでなく、うれしいこと、楽しいことも含め、ある1つの体験をしたときには、次の3つのポイントについて、考えてみてほしいのです。

①なぜこの体験をする必要があるのか
②この体験から自分は何を学ぶべきなのか
③今の自分には何が必要で、何を選択するべきなのか

まず、①ではその状況を客観的に把握したら、②で魂の望みを理解した上で、肉体を持ち生きている自分として何を感じるのか。そして、②を受けて、③で自分が前に進んでいくためには、何を選択するのが最も心地よい状態で

いられるのか、ということを毎回考える習慣をつけるのです。

すると、たとえ何か問題が起きたとしても、この3つのステップのプロセスを踏むことで、意外にも落ち込む暇もなく気持ちが整理されて、前に進めるのです。

有限の命を大切に生きる

4つ目は、「有限の命を大切に生きる」ということ。

私たちの肉体としての命は有限であり、必ず終わりがくるものであり、誰もが、いつかは必ず自分の肉体と別れる日がやってきます。

もちろん、それは自分の命だけでなく、家族や大切な人の命も同じです。

さらには、人間だけでなく他の命ある生き物や、モノやイベント・出来事などにも必ず別れや終わりが訪れます。

まずは、その事実を認めた上で、では、その〝終わりの時〟にできるだけ後悔しないように、そして、その別れを少しでも前向きな気持ちで迎えるようにするにはどうしたらいいか、ということを考えてほしいのです。

そして、そのためにはあなたなら何をしたい？ 何ができる？ ということも思い浮かべてほしいのです。

私なら今という瞬間を全力で楽しんで感謝し、幸せを噛《か》みしめておきたいと思います。

そして、限りある命を生きるためにも、「自分にとっての幸せとは何であるか」、ということも自分なりに決めておくのもおすすめです。

今の私にとって幸せは、大好きな人と美味しいご飯を食べたり、お茶をしてゆっくりのんびりおしゃべりしたりして、一緒の時間を共有すること。また、自分のハマっていることや、こだわっていることを皆で共有すること。

他には、年齢も性別も暮らして来た環境も違うのにお互いを尊重し尊敬できる関係を築くことができる人たちと出会えること。

以上のようなことが自分にとっての幸せです。なぜなら、そんなことを通して、私は本当の自分に気づくことができたからです。

魂は永遠かもしれませんが、肉体は有限だからこそ、幸せの中で限りある命を輝かせられるような一瞬一瞬を生きていきたいです。

今という瞬間を大切に

5つ目は、「今を大切に生きる」ということです。

大好きな人と会って同じ時間を共有できること、当たり前に命があることは、奇跡に近いのです。

私たちは、毎日、朝起きて夜眠ること、学校や会社へ行くこと、大切な人や友人たちと会って何気ない話をして同じ時間を過ごすことなど、普通のことや当たり前なことが、どれだけ幸せなことなのかを忘れてしまいます。

でもそれらは、失ってからそんな普通な日々が幸せだったことに気づくのです。

しかし、それでは遅いのです。

なぜなら、そんな日々を失ったとき、後悔し、自分を責めてしまうからです。同時に、そんな日々に感謝をしてもしきれない思いがあふれてきます。

けれども、時間は戻すことも、もう一度やり直すこともできません。

だからこそ、今という一瞬一瞬の奇跡を噛みしめながら生きてほしいです。

当然ですが、毎秒毎秒は一瞬のことで、あっと言う間に去っていくので、〝幸せ〟をじっくりと感じることがすごく難しいです。

でも、そのことに意識を向けていると、勝手に幸せがあふれてきたり、ふとした時にその幸せを感じたりすることができるのです。

実際に私も、何かをしている瞬間はそのこと自体に集中しているので、ゆったり幸せを感じている暇はありません。

それでも、例えばある日、誰かに会って話をしたとすると、その日の帰り道なんかに、「あー、今日1日、○○と一緒の時間を共有できたのは奇跡だな、幸せだな!」とか、「大好きな人が私のために大切な時間を割いてくれて、私は幸せ者すぎるな!」などと思えるようになりました。

これも、その日、その人と会っている時に何にも考えていなかったら、私は幸せであるということに気づかなかったと思うのですが、その時に「この瞬間は奇跡なんだ、幸せなことなんだ!」ということを意識したから、そう思えるようになったのです。

魂の望むままに生きていくために

以上の5つが、私がこれまで18年間生きてきた上で学んだ、より自分らしく、ラクに生きていくためのポイントです。

ただし、これらをただ実行するだけでは意味がありません。

「ラクに生きていける」ということは、つまり、「魂の望むままに生きていけている」、ということでもあるのです。

そこで、「魂の私は何を望んでいるのか」、そして、「今、この瞬間に地球にいる人間の私は何を望んでいるのか」ということを常に自分に問いかけながら毎日を過ごしてほしいのです。

そんな問いかけをしながら、何か問題に直面したときは、今の自分にふさわしい方法でそれらを乗り越えていくことが大切です。

人生には、仕事、人間関係、お金、生活、健康などさまざまな課題が山積みなので、そのうちの何か1つに集中しすぎて他がおろそかになってしまうと、どうしても、人生につまずいてしまうのです。

そこで、人生を着実に一歩ずつ歩んでいくためには、やはり、適度にすべてのバランスをとるということが大切です。

第1章でお伝えしたように、私たちの魂は、生まれる前に描いたシナリオを人生で体験しています。

魂の声を聞くことができる私としては、魂の本当の望みと肉体を持って生きている人間としての望みが違うことがある、ということもわかっています。

特に、魂の多くは成長することを望んでいることから、地球的な思考が求められる生き方に従おうとすると、苦しさを感じてしまうのです。風邪が治ろうとするときに、必ず、高熱が出て苦しい思いをするように、魂が成長するためにはやはりつらい思いをする必要もあるのです。

でも、人生で起きることとは、あなたの魂の成長に必要なことしか起きないし、逆に、そのことを理解して成長してしまえば、苦しいところから一気に抜け出すこともできるのです。

また、自分の魂の目的がわかるようになってくると、自分の成長に必要ではない体験しなくてもいい苦しいことやつらいことからは逃げてもいいんだ、ということもわかってくるはずです。

そのためにも、ご紹介した5つのポイントを日々の生活の中で常に意識しながら、過ごしてほしいと思います。

おわりに

最後まで本書を読んでいただき、本当にありがとうございました！

私の初めての本『虹の向こうの世界で　～女子高生チャネラーMarina～』は、いかがでしたでしょうか？

女子高生というまだまだ成長過程にある私ですが、あなたにとって、この本の中のどこか1か所でも、また、何か1つの言葉でも、あなたの心に刺さったり、新しい気づきになってくれたりしたのなら、私はとてもうれしいです！

今回、この本を作るのは大変な作業でした。
というのも、生まれてからこれまでの私の人生を振り返ることになり、苦しいからとあえて思い出さないようにしてきたつらい記憶に正面から向き合い、その記憶をたどる必要があったからです。

それでも、この機会に改めて18年間の人生を振り返りながら、今という瞬間の大切さと、これからの未来を見据えることもできたように思います。
原稿を書く際には、私なりにできるだけ言葉にもこだわって、制作スタッフの皆さんの力を借りながら、ついに完成したこの本は、私にとって大切な宝物になりました!

今の私は、つらかった過去を乗り越えて、毎日楽しく幸せに生きています。

それでも、まだまだこの地球という星では日々迷い悩み、生きる意味を探しながら必死にもがいて生きているのも事実です。

それでも、そんな日々も今の私は楽しいと思えるようになったのです。

読者の皆さんも、生きていく上で、さまざまな悩みや苦しみに直面しているはずです。

でも、どんなときでも、あなたらしさを失わずに、常識にとらわれず、周囲の目なども気にせず、心のままに自分らしく自由に生きてほしいと願っています。

この本のタイトル、『虹の向こうの世界で』には2つの願いが込められています。

1つは、私自身が以前、〝レインボーチルドレン〟と呼ばれていたところから成長し、その先の世界を生きていきたいという願いです。

もう1つは、虹は幸運や未来への希望を象徴するものです。また、雨が降らなければ虹は現れません。

土砂降りのように感じるつらさや苦しみがあったとしても、乗り越えた先には虹が現れ、その先にまた希望に満ちた未来が待っているという世界を皆さんと一緒に生きていきたいという願いです。

ぜひ、そんな世界で私と一緒に成長しながら、せっかくのこの地球での人生を思いっきり楽しみ、笑顔で生きていきましょう!

Marina(まりな)

謝辞

まりなの活動再開、及び本書出版にあたってご協力いただいた皆様に、ここで感謝を申し上げます。

まずは、活動再開のきっかけとなったイベント「ママは生きている」に全面的にご協力くださり、まりなと一緒にステージにも立ってくださった山川紘矢・亜希子ご夫妻。おふたりがいなければ、私たちとまりなが出会うこともありませんでしたし、今のまりなの活動もありませんでした。心から感謝いたします。

イベントでは、本書のプロデュースをしてくださったニューワールド作家プロデューサーの山本時嗣さんと、胎内記憶やお産の尊さ、母子のつながりを発信している「バースカフェ」代表の瀬川映太さんもご登壇くださいました。司会は、まりなが最も憧れているお姉さん的存在の、元アーティスティックスイミング（旧シンクロナイズドスイミング）日本代表で、シルク・ドゥ・ソレイユでパフォーマーをしていた杉山美紗さんが担当してくださいました。

また、この日は、ステージ上で本書の出版決定の発表もありました。山本さんが、株式会社ヴォイスの大森浩司社長に出版企画を提案してくださり、ステージに上がる直前に電話で出版決定の返事をいただいてくださったのです。

山本さん、大森社長、最高の心意気をありがとうございます。本書執筆にあたっては、編集の西元啓子さんがまだまだアップダウンのあるまりなに付き合い、親身になってサポートしてくださいました。

また、開設から1年で登録者数4万人を突破したまりなのYouTubeチャンネルは、イベントをきっかけにまりなを応援したいと声をかけてくださった田仲広大さんを中心に、7名の素敵な方々が動画編集・運営をしてくださっています。ありがとうございます。

最後に、私たちのことを信頼し、まりなの活動や淡路島に来ることを応援してくださったまりなのお父さん、お姉ちゃん。ありがとうございます。

そして、天国に行ってからも変わらずまりなを応援し続けてくれているひろみん。イベントの成功も、YouTubeや個人セッションの人気も、本書の出版も、すべてひろみんのプロデュースだと感じています。ありがとうございます。

まりなの活動に、たくさんの方々に応援いただいたことにこの場を借りて、お礼を申し上げます。

龍見亮太・美香

女子高生チャネラー
Marina

2006年生まれ。高校3年生。目に見えない世界とつながりメッセージを届けるチャネラー。胎内記憶や母親のお腹に宿る前の記憶を持ち生まれてきた後、幼少期から植物、動物、鉱物をはじめ、すべてのモノや魂とつながり会話をしていた。中学1年生の頃から、母親のプロデュースのもとで、「レインボーチルドレン、まりな」としてクライアントへの鑑定をスタート。しかし、13歳にして最愛の母を病気で失い、悲しみと絶望の中で引きこもりに近い3年間を送るが、母の友人であった龍見夫妻や周囲のサポートにより活動を再開。現在は、YouTubeやインスタグラムなどSNSで発信をしながら、悩める人たちが自分で答えを見つけるためのヒントや、地球の固定観念に縛られずに楽しく生きるための方法を提案している。

☆YouTubeチャンネル「女子高生チャネラー Marina」
☆インスタグラム「jk_channeler」

Publishing Agent　山本時嗣（株式会社ダ―ナ）

虹の向こうの世界で

女子高生チャネラー Marina

2025 年 1 月 3 日　第 1 版第 1 刷発行

著　者　Marina

編　集　西元 啓子
装丁イラスト　なもとら
校　正　野崎 清春
デザイン　小山 悠太

発行者　大森 浩司
発行所　株式会社 ヴォイス　出版事業部
〒 106-0031
東京都港区西麻布 3-24-17 広瀬ビル
☎ 03-5474-5777（代表）
FAX 03-5411-1939
www.voice-inc.co.jp

印刷・製本　株式会社　シナノパブリッシングプレス

ISBN978-4-89976-583-7